# C.H.BECK ■ WISSEN

in der Beck'schen Reihe

Der Hinduismus fasziniert und verwirrt Europäer durch den Reichtum und die Farbigkeit seiner Formen, die starke Emotionalität in der religiösen Praxis und die Tiefe des theologisch-philosophischen Nachdenkens über das Wesen von Mensch und Welt. Dieses Buch bietet einen Überblick über die rund 3000 Jahre alte religiöse Tradition von der vedischen Religion bis zum modernen Hinduismus. Es erläutert die unterschiedlichen heiligen Schriften und stellt die wichtigsten Götter einer unüberschaubar vielgestaltigen Götterwelt vor. Besonderes Augenmerk gilt dem gegenwärtigen gelebten Hinduismus und seinen national-politischen, von den Erfahrungen der Kolonialzeit und des Freiheitskampfes geprägten Aspekten. Eine Zeittafel, Literaturhinweise und ein Register runden diese Einführung ab.

Prof. Dr. *Heinrich von Stietencron* leitete bis zu seiner Emeritierung 25 Jahre lang das Seminar für Indologie und Vergleichende Religionswissenschaft an der Universität Tübingen. Er ist Mitglied der Heidelberger Akademie der Wissenschaften und hat von 1980 bis 1993 im Vorsitz der Deutschen Vereinigung für Religionsgeschichte mitgewirkt. Zahlreiche Veröffentlichungen zur Religionsgeschichte Indiens und zu allgemeinen Fragen der Religionswissenschaft.

Heinrich von Stietencron

# DER HINDUISMUS

Verlag C. H. Beck

Die Deutsche Bibliothek – CIP-Einheitsaufnahme

*Stietencron, Heinrich von:*
Der Hinduismus / Heinrich von Stietencron. –
Orig.-Ausg. – München : Beck, 2001
   (C.H.Beck Wissen in der Beck'schen Reihe ; 2158)
ISBN 3 406 44758 9

Originalausgabe
ISBN 3 406 44758 9

Umschlagentwurf von Uwe Göbel, München
© Verlag C.H.Beck oHG, München 2001
Satz: Fotosatz Janß, Pfungstadt
Druck und Bindung: Druckerei C.H.Beck, Nördlingen
Printed in Germany

*www.beck.de*

# Inhalt

# Hinweise zur Transkription und Aussprache

Bei der Transkription wurden diakritische Zeichen vermieden. Nur die Vokallängen sind gekennzeichnet, weil die Aussprache dieser Längen für die Bedeutung der Worte wichtig ist. Das vokalische R (ṛ) wurde mit ri (wie in Krishna) wiedergegeben.

Sprich „ā" wie in „Maß"; „ī" wie in Wiese; „ū" wie in Mut. Die Buchstaben „e" und „o" sind immer lang zu sprechen.

„sh" („Shiva", „Vishnu") sprich „Schiva", „Wischnu". (Hier steht die gleiche Umschrift für die Buchstaben „ś" und „ṣ", die fast gleich klingen. Der erste Sibilant wird palatal, der zweite retroflex artikuliert. Im Deutschen gibt es diesen Unterschied nicht.)

„c" sprich „tsch" wie in „Cello" oder „tschüß".

„j" sprich „dsch" wie in „Pyjama" oder „Dschungel".

„jn" sprich entweder „nj" wie in „Tanja" oder englisch „new" (Mittel- und Südindien), oder „gj" wie in „Magyaren" (Nordindien).

„y" sprich „j" wie in „Joghurt" oder „Jakob".

„v" sprich „w" wie in „Wind" oder „Wald".

# I. Geschichte und Theologie
## der älteren Hindu-Religionen

Indien ist überaus reich an überlieferten religiösen Texten, Bauwerken und Kunstdenkmälern, mit deren Hilfe sich die Religionsgeschichte dieses weiten Landes über mehr als dreieinhalb Jahrtausende zurückverfolgen läßt. Was man dabei findet, sind viele unterschiedliche Religionen, die zum Teil nacheinander, meist aber auch nebeneinander existierten. Wir wenden daher den Blick zurück in die Vergangenheit, um die historischen und theologischen Quellen zu finden, aus denen sich der heutige Hinduismus speist. Zuerst fragen wir nach der Entstehung des Begriffs, dann nach der Fülle von Inhalten, die er enthält.

## 1. Der Begriff „Hinduismus"

Die Bezeichnung „Hinduismus" für die Religion der Hindus kam erst im 19. Jahrhundert in Bengalen auf, wo ihn die Angestellten der englischen East India Company einführten, um das, was sie für zahlreiche religiöse Sekten der Inder hielten, in einem Begriff zusammenzufassen. Daß es sich in Wirklichkeit um mehrere Religionen mit zum Teil sehr verschiedenen Vorstellungen handelte, hatte man noch nicht bemerkt, konnte es vielleicht auch nicht gleich bemerken, weil die Anhänger dieser Religionen so selbstverständlich und friedlich miteinander lebten, wie es damals in Europa nicht einmal unter Protestanten und Katholiken, geschweige denn mit Juden oder Muslimen möglich war.

Der neue englische Begriff wurde von dem Wort „Hindu" abgeleitet, das ebenfalls nicht aus Indien, sondern aus dem Persischen stammt und im Singular den Fluß Indus (der im Sanskrit „Sindhu-", im Persischen dagegen „Hindu-" heißt), im Plural die Leute am Indus, die Inder, bezeichnet. In diesem Sinne kommt dieses Wort schon in den altpersischen Inschriften der Achaemeniden vor, die ihre Reichsgrenzen bereits zur Zeit des

Kyros (559–529 v. Chr.) bis nach Gandhāra am oberen Indus, unter Darius I. um 518 bis hinunter nach Sindh an die Mündung des Indus vorschoben und in deren Heeren indische Söldner Dienst leisteten. Die Griechen, die unter Alexander dem Großen 334–30 v. Chr. Persien überrannten und 326 v. Chr. den Indus überquerten, nannten den gleichen Fluß „Indos" und die Bewohner des Landes „Indoi", woraus unser Wort Inder abgeleitet ist. Hindus sind also der ursprünglichen Bedeutung des Wortes nach einfach Inder.

Mehr als 1000 Jahre nach Alexander, im Jahr 711/12 n. Chr., drangen muslimische Eroberer aus dem Reich der Omayyaden von Damaskus unter General Muhammad ibn Qasim nach Indien vor und siedelten am Unterlauf des Indus in der (heute zu Pakistan gehörenden) Provinz Sindh. Auch sie bezeichneten die dort einheimischen Leute als Hindus und das Land als „Al Hind". Mit ihnen kam der Islam nach Indien. Es entstand ein dauerhafter Brückenkopf muslimischer Krieger, Kaufleute und Siedler aus dem Vorderen Orient, die ihre Herrschaft im Laufe der folgenden 300 Jahre den Indus aufwärts bis in den Panjab vorschieben konnten. In diesem westlichen Teil des indischen Subkontinents ist der Islam also schon seit fast 1300 Jahren heimisch.

Es darf nicht verwundern, daß die muslimischen Araber sich selbst nicht als Hindus bezeichneten, sondern sich als Muslime von den ungläubigen Hindus absetzten und als Ārabī ihre Herkunft aus dem Volk des Propheten betonten. Auch spätere Eroberer oder Zuwanderer nannten sich nach ihrer Herkunft Afghānī oder Pathan, Turānī oder Chagatai, und Irānī. Die zum Islam bekehrten, meist niedrigkastigen Inder nannte man Hindustānī. Man beachte, daß hier die Hindustānī (= Hindus) Muslime sind!

Da nach muslimischem Recht die Nicht-Muslime eine zusätzliche Steuer zu zahlen haben, die sogenannte Kopfsteuer (*jizya*), lag eine Bekehrung der unterworfenen Bevölkerung nicht unbedingt im wirtschaftlichen Interesse der Herrschenden. Die Folge war, daß es seit dem 8. Jahrhundert im westlichsten Teil von Indien für die Steuereinzieher zwei Kategorien von Menschen gab: Muslime und Hindus. Diese Begriffe stehen für Eroberer und Einheimische, später, nach ersten Bekehrungen, für Gläubige und Ungläubige und in beiden Fällen für Steuerklassen: Ein Hindu ist, wer sich den Schutz des Staates durch zusätzliche Steuern verdienen muß (Kopfsteuer, zeitweilig auch Pilgersteuer).

Diese aus der Steuerverwaltung erwachsene Benennung hielt sich über die Jahrhunderte. Sie wurde von den muslimischen Afghanen übernommen, als diese 1192–1206 ganz Nordindien eroberten, sie wurde später von allen nachfolgenden Herrscherdynastien weitergeführt und von siegreichen Heerführern auch in die neuen Sultanate im Dekkhan und zeitweise bis tief hinab in den Süden Indiens getragen. Am Ende übernahmen die Engländer Strukturen und Personal der Moghulverwaltung und damit auch den Begriff „Hindu".

Die Hindu-Identität konstituiert sich also in dieser geschichtlichen Herleitung primär durch das Nicht-Muslim-Sein. Die persönliche Religion, das Glaubensbekenntnis des einzelnen Hindu spielt dabei nicht die geringste Rolle. Er mag ein Verehrer des Vishnu, Krishna oder Rāma sein, ein Anhänger des Shiva, der Göttin Kālī oder auch ein Jaina oder an keinen dieser Götter glauben, sondern sein Heil beim gestaltlosen Brahman suchen: Sie alle sitzen, was ihr Verhältnis zu den herrschenden Muslimen angeht, im gleichen Boot.

Das ist auch der tiefere Grund für die Tatsache, daß der Hindu-Nationalismus der Neuzeit immer wieder das Gegenbild der Muslime braucht, um die eigene Gruppenidentität erkennbar zu machen. Der kühle Verstand müßte jedem sagen, daß die überwiegende Mehrheit der indischen Muslime waschechte einheimische Inder sind und daß auch die einstigen muslimischen Eroberer nur sieben Jahrzehnte weniger lang auf dem indischen Subkontinent heimisch sind als in Ägypten, das 642 erobert wurde. Sie haben Indien und seine Kultur in vielen und wichtigen Bereichen mit geformt. Wären die Muslime nicht nach Indien gekommen, so hätte es wohl auch keine „Hindus" gegeben, mit Ausnahme jenes begrenzten Gebietes am Indus, das unmittelbar an den iranischen Sprachraum angrenzt.

Die Geschichte zeigt, daß sich in Indien vor allem Kastenlose und Unterkasten zum Islam bekehrten, weil sie sich davon einen sozialen Aufstieg erhofften, der oft nicht im gewünschten Maße eintrat. Für die mittleren Schichten blieb die zusätzliche Steuerbelastung im Rahmen des Erträglichen, und ein Wechsel der Religion bot nur geringe Vorteile. Die meisten Machtpositionen waren bereits von etablierten muslimischen Familienklans besetzt. Nur für die Oberschicht der Hindus konnte eine Anpassung an den Islam politisch förderlich sein, z. B. um am Hof der Moghulkaiser nicht aus der Rolle zu fallen. Sie blieb aber gleichzeitig ihren ererbten Göttern und ihrer regionalen Tradition verpflichtet.

Ein ähnliches Bild ergibt sich auch bei der Mission des Christentums in Indien. Die untersten Schichten profitierten von der Konversion, wenn sie sich dadurch der Knechtschaft entziehen und eine bessere Schulbildung erhalten konnten. Die Gebildeten unter den Hindus hatten aber eine eigene, philosophisch und literarisch überaus reiche Tradition. Sie hatten auch ihre eigenen, sehr lebendigen Religionen. Wie dem Islam, so erwiesen sie sich auch dem Christentum gegenüber in hohem Maße als resistent. In 500 Jahren eifriger Missionstätigkeit konnten christliche Missionare trotz beachtlicher finanzieller Anreize nur 2 % der Inder bekehren, und dies mit wenigen Ausnahmen nur in den Stammesgebieten und den Schichten der Kastenlosen und Ungebildeten. Das zeugt von einer großen eigenen Kraft der Religionen der Hindus.

## 2. Die Spuren der Induskultur

Zu den zahlreichen Rätseln, die uns die Induskultur (Blütezeit ca. 3000–1750 v. Chr.) aufgibt, gehört nicht nur ihre Schrift, deren Entzifferung bisher noch nicht befriedigend gelungen ist, sondern auch ihre Religion. Es handelt sich um eine Kultur mit planmäßig angelegten Städten, die jeweils eine Akropolis und eine Unterstadt besaßen und deren Technik der Wasserversorgung und Abwasserentsorgung damals nirgends ihresgleichen fand. Das Gebiet, in dem diese Kultur herrschte, ist so groß wie Ägypten und das Zweistromland zusammen. Weit auseinander liegende Städte folgten den gleichen Bauplänen, benutzten gebrannte Ziegel gleichen Formats, die gleichen Maße und Gewichte, die gleiche Schrift. Sie benutzten auch den gleichen Typus kunstvoll geschnittener Siegel und fein gearbeiteter Schmuckstücke, deren Schöpfer ihr Handwerk möglicherweise in zentral geleiteten Werkstätten erlernt hatten. Alles deutet darauf hin, daß diese Kultur während ihrer Blütezeit eine streng zentralistische Führung gehabt haben muß.

Was die Religion betrifft, so fand sich weder ein Tempel noch eine eindeutig identifizierbare Opferstätte. Es fand sich nur in jeder Oberstadt das sogenannte „große Bad", ein rechteckiges, weiträumiges und mit Säulengang umgebenes Wunderwerk der wasserdichten Konstruktion, dessen Wasser zur Reinigung abgelassen werden konnte.

Manches deutet darauf hin, daß dies das eigentliche Zentrum des Kultes war. Es existierten nämlich auch zahlreiche kleine, aus Ton geformte Wasserbecken, an deren vier Seiten Öllämpchen angebracht waren und die oft in der Mitte des Beckens eine erhöhte Plattform, eine Art Altar oder Göttersitz aufwiesen, der den Wasserspiegel leicht überragte. Dies könnten Hausaltare gewesen sein, an denen man Licht entzündete, sich symbolisch reinigte und kleine Opfergaben darbrachte. Das „große Bad" wäre dann als Tempelteich zu interpretieren, der zur Reinigung des Gläubigen vor dem Gebet diente, und da kein Tempel und kein Gott erkennbar ist, könnte das Gebet der über dem Wasser aufgehenden Sonne gegolten haben. Die Verehrung der aufgehenden Sonne nach vorheriger Reinigung im Wasser kennen wir in detaillierter Beschreibung aus dem vedischen Ritual, und dies ist eines der wenigen Elemente der vedischen Religion – und vielleicht eben schon der Religion der Induskultur –, die sich bis heute erhalten haben. Erhalten blieb jedenfalls auch der rechteckige Tempelteich, den man bei allen wichtigen Tempeln der indischen Götter antrifft, sofern sie nicht direkt am Ufer eines Flusses, Sees oder Meeres stehen.

Es sind noch drei weitere Details zu nennen, die vielleicht auf die Religion der Induskultur und auf Kontinuitäten schließen lassen, die sich bis heute erhalten haben. Das erste betrifft große Mengen von weiblichen Terracotta-Figurinen, die von den Ausgräbern als Muttergöttinnen gedeutet wurden. Ich halte diese Deutung für falsch. Die Figürchen sind serienmäßig und ziemlich primitiv geformt. Sie stehen in deutlichem Gegensatz zu den hervorragenden Arbeiten der Künstler, welche die Siegel geschnitten oder die wenigen erhaltenen Skulpturen geschaffen haben. Götterbilder zu gestalten, würde man sicher diesen Meistern anvertraut haben. Es handelt sich eher um Votivgaben, mit denen Frauen um Fruchtbarkeit bitten. Das würde auch erklären, warum man diese Figurinen jeweils in Massen an einem Ort gefunden hat. Der Ort mag der Wohnsitz einer Göttin gewesen sein, die aller Wahrscheinlichkeit nach in einem Baum oder am Fuß eines Baumes wohnte, der längst nicht mehr existiert. Auf den Siegeln der Induskultur sind nämlich Gottheiten abgebildet, die in Bäumen wohnen. Die gleiche Vorstellung zeigt sich 2000 Jahre später, als man in Indien begann, Skulpturen nicht mehr in vergänglichen Materialien, sondern in Stein zu arbeiten, in den Figuren von Yakshīs der Shungazeit (2.–1. Jahrhundert v. Chr.) und später. Der Baum als möglicher Ort göttlicher Manifestation ist zu jener Zeit längst ein fester Topos. Die Siegel der Induskultur zeigen die Gottheit mit Hörnerschmuck, und der Baum ist durch die Form seines Blattes deutlich als Pīpalbaum zu erkennen. Dieser Baum gilt bis heute in Indien als besonders heilig. Nicht ohne Grund findet auch Buddhas Erleuchtung unter einem Pīpalbaum statt. Als „Baum der Erleuchtung" wird er zum Bodhibaum. Und noch heute findet man in der Volksreligion überall Göttinnen, die sich in einem Baum oder am Fuß eines Baumes manifestieren.

Ein berühmtes Siegel der Induskultur zeigt eine gehörnte Gottheit in Yogahaltung auf einem Thron sitzend und von vier wilden Tieren umgeben: Tiger, Elefant, Nashorn und Büffel. Viel ist über diese Gottheit spekuliert worden. Man wollte in ihr den Gott Shiva, der ja auch als großer Yogī bekannt ist, als Herrn der Tiere (*pashupati*) erkennen. Damit hätte der Shivaismus seine Wurzeln schon in der Induskultur. Aber diese

Deutung ist fragwürdig. Pashu ist nicht das wilde Tier, sondern das Haustier. Und wenn im Veda der Gott Rudra als Herr der Haustiere angerufen wird, so nur, weil man seine Krankheit bringenden Fieberpfeile fürchtet, welche das Vieh der Arier dezimieren. Wer die Macht hat zu töten, kann es auch sein lassen, wenn man ihn gnädig stimmt. Deshalb wird Rudra zum Herrn der Tiere. Es gibt noch einen weiteren Grund, die Gottheit auf dem Siegel nicht mit Pashupati gleichzusetzen. Die Gottheit trägt zahlreiche Armreife und Halsketten, was eher auf eine Göttin, jedenfalls nicht auf den wilden Jäger Rudra deutet. Der aufgerichtete Phallus, den man bei dieser Gestalt zu erkennen glaubte, könnte auch das Ende der Leibbinde sein, das vom Knoten herunterhängt. Obwohl also die Identifikation mit Rudra/Shiva nicht sicher ist, bleibt die Tatsache, daß die Induskultur bereits die Sitzhaltung der Yogīs kannte. Sie ist auf mehreren Siegeln zu sehen. Damit geht vielleicht noch ein weiteres wichtiges Element der indischen religiösen Tradition bis in die Zeit der Induskultur zurück, nämlich der Versuch, die Beherrschung des Atems und des Körpers als Mittel zur Selbstvervollkommnung einzusetzen.

## 3. Die Vedische Religion

### a) Die ältere Vedische Religion

Mit dem Auftreten der vedischen Arier in Ostiran und ihrer Einwanderung in Indien nach der Mitte des 2. Jahrtausends beginnt eine Periode, über die uns umfangreiche, in vedischem Sanskrit verfaßte literarische Zeugnisse vorliegen, archäologische Zeugnisse aber bis auf Tonscherben bisher spärlich sind. Die literarischen und die archäologischen Zeugnisse verraten uns, daß die Arier erst kamen, als die großen Städte am Indus von ihren Erbauern bereits seit langem verlassen worden waren. Die Geschichte lehrt ja, daß ein Eroberervolk die materielle Kultur der Unterworfenen, soweit sie nützlich ist, in der Regel übernimmt. Die Besiegten müssen für die neuen Herrscher arbeiten, und diese gewöhnen sich sehr rasch an den neuen Luxus. Bei den Ariern war es nicht so. Sie konnten von der hohen materiellen Kultur am Indus nichts übernehmen, nicht einmal die Kunst, Ziegel zu brennen. Das haben sie erst Jahrhunderte später gelernt. Von Städtebau, Bewässerungsanlagen oder Schmuckherstellung und Schiffahrt haben sie nichts übernommen, auch nicht die Schrift. Offenbar trafen sie niemanden mehr an, der diese Künste noch beherrschte. Die Bewohner, denen sie in den Städten begegneten, waren nach den wenigen Utensilien, die man bei ihren Gebeinen ausgegraben hat, Jäger oder Hirten, die sich in den Ruinen niedergelassen hatten. Und auch als sie später in Rājasthān und Gujarāt auf alte Städte stießen, deren Kultur sich dort auf niedrigerem Niveau fast 1000 Jahre länger hielt als im Flußtal des Indus, lernten sie nur noch das Brennen der Ziegel. Die zentrale Organisation und die Technik der Bewässerung und Bauplanung existierten wohl nicht mehr.

Ārya (Arier) war eine Selbstbezeichnung der einwandernden Stämme und bedeutet „edel". Es war weder der Name einer Ethnie noch der eines Klans. Es war vielmehr das Bekenntnis zu bestimmten moralischen Werten, vor allem zur Vertragstreue, zur Gastfreundschaft (auch gegenüber Feinden), zur Wahrhaftigkeit und zur von den Göttern etablierten Ordnung. Die arischen Stämme hatten eine gemeinsame Sprache und weitgehend die gleichen Götter, aber unterschiedliche Stammesnamen und unterschiedliche Anführer. Mit zunehmender Spezialisierung entwickelte auch jeder seinen eigenen Priesterklan. Oft gerieten sie in Konflikt miteinander im Kampf um Vieh und Weideland. Sie wanderten in mehreren Wellen über die Pässe im Westen und Nordwesten nach Indien ein, und jeder nachfolgende Stamm drängte die vor ihm Angekommenen weiter nach Osten und damit tiefer in das Land der fünf Ströme (*Pancāp* = Punjab) und in das Gangestal hinein.

Wie das arische Hirtenvolk, so waren auch ihre Götter frei beweglich. Sie konnten in Gedankenschnelle erscheinen, wo immer man sie rief. Einen Tempel brauchten sie nicht, wohl aber eine sorgfältig gereinigte und geebnete Opferstätte, ein Opferfeuer, eine Opfergabe und bei wichtigen Anlässen ein poetisches, ungewöhnliches Lied, um dessentwillen es sich lohnte, die Pferde anzuspannen. Denn die Götter benutzten, wie die Ārya selbst, von Pferden gezogene Streitwagen – freilich solche, die den Weg durch die Luft nehmen konnten.

Die vedischen Ārya hatten aus ihrem nordeuropäischen Erbe bereits ein polytheistisches Weltbild mit sich gebracht und haben dieses im Laufe ihrer Wanderungen ergänzt und erweitert. Sie betrachteten die himmlischen Götter als Kinder des Vaters Himmel (*dyaus pitā* = Zeus Pater = Jupiter) und der Mutter Raum/Erde (*aditi*, die Unbegrenzte) und bezeichneten diese Götter als Ādityas (Söhne der Aditi) oder Devas (Himmlische). Die Bezeichnung „Asura", die Jahrhunderte später nur noch auf Widersacher der Götter, also auf Dämonen, angewandt wurde, war damals noch ein Ehrentitel für die mächtigsten unter den Göttern, die außergewöhnliche, schöpferische Zauberkraft besaßen. Aufgabe der Götter war es, die kosmische und moralische Ordnung zu schützen, Aufgabe der Menschen, dieser Ordnung gemäß zu leben und Göttern und Ahnen mit ihren Opfern Nahrung zu geben.

Mit der Stärkung der Götter durch Nahrung kam dem Opfer eine den Kosmos erhaltende Funktion zu, so daß dieses zur wichtigsten Aufgabe des Menschen wurde. Bei allen Wandlungen, welche die Opferpraxis seither durchgemacht hat, ist ihm diese zentrale Bedeutung geblieben. Die Gabe übt aber nach altindischem Verständnis auch auf moralischer Ebene eine Wirkung aus. Sie reinigt den Geber und verleiht ihm Ansehen, zugleich verunreinigt das Nehmen den Empfänger und stuft ihn gegenüber dem Geber herab. Um Reinheit und Respekt wiederzugewinnen, ist folglich reiche Gegengabe nötig.

Als Folge dieser Auffassung muß man es als eine Gunsterweisung auffassen, wenn ein Höhergestellter eine Gabe von einem Niedrigeren annimmt. Er braucht sich nicht zu bedanken: Das bloße Annehmen ist bereits sein Dank. Dies ist bis heute eine kulturelle Eigenart Indiens. Sie bestimmt auch die Form des Opfers. Es ist keineswegs selbstverständlich, daß die Götter kommen, um die ihnen gebotene Speise anzunehmen. Es gibt ja viele Opferer, und die Götter haben freie Wahl. Man muß sie um ihr Kommen bitten, muß sie mit kunstvollen Preisliedern herbeilocken, muß sie an ihre früheren mythischen Taten erinnern und selber einen Wunsch aussprechen, auf dessen Erfüllung man hofft. Dann erst wird die Gottheit gewillt sein, zu dem ihr bereiteten Opfer zu kommen. Dann allerdings hat man auch guten Grund zu hoffen, daß der ein Opfer annehmende Gott alsbald eine Gegengabe geben und den Wunsch des Opferers erfüllen wird. Und wenn das Geschenk der Macht und dem Reichtum des Gebers angemessen sein sollte, wird die Gabe des Gottes im Normalfall bedeutender sein als die des opfernden Menschen.

Aus einer solchen reziproken Opferbeziehung entwickelt sich eine Kunst der verbalen und rituellen Kommunikation zwischen Mensch und Gottheit, die von der vedischen Zeit bis in die Gegenwart reicht und immer neue Varianten erprobt. Sie hat in der Theologie, Literatur, Musik, Bildhauerei, Malerei und in Ritual und Tanz im weltweiten Vergleich hoch bedeutende Leistungen hervorgebracht.

Wichtigstes Zeugnis hierfür sind die ältesten religiösen Texte Indiens, die zugleich auch die ältesten Texte der gesamten indoeuropäischen Sprachfamilie sind. Daß sie uns in großem Umfang und in erstaunlicher Präzision überliefert sind, verdanken wir dem Umstand, daß es sich bei den Ārya um Stämme mit nomadischer oder semi-nomadischer Lebensweise handelte, die ihre Gruppenidentität nicht dem Bau fester Wohnstätten und der dauerhaften Zugehörigkeit zu einer bestimmten Landschaft verdankten, sondern einem von Kind an trainierten kulturellen Gedächtnis, in dem der Stamm die Legenden seiner Helden, die Mythen seiner Götter und auch die Preislieder bewahrte, mit denen inspirierte Priester die Götter zum Opfer gerufen und als Bundesgenossen gewonnen hatten. Dies war ein Schatz an dichterischen Kompositionen in der Göttersprache Sanskrit – *samskrita* bedeutet „kunstvoll zusammengefügt, geschmückt"–, ein kostbares literarisches Erbe, das den Reichtum dieser arischen Stämme ausmachte. Und dieser Schatz mehrte sich von Generation zu Generation.

Es mag etwa im 10. Jahrhundert v. Chr. gewesen sein, als man die Überlieferungen der verschiedenen Priesterfamilien zusammenzutragen begann, und es ist wahrscheinlich, daß diese Sammlung noch etwa zwei Jahrhunderte lang durch neue Lieder ergänzt wurde. Diese Zeitangabe beruht auf Schätzungen des ungefähren Zeitraums, der nötig war, um von dem Weltbild des Veda über die Literatur der Brāhmaṇas und Upanishaden zu dem des Buddha zu gelangen. Es gibt andere Datierungsversuche, die auf astronomischen Berechnungen fußen und die vedische Kultur schon zu Beginn des 4. Jahrtausends v. Chr. oder noch früher ansetzen (ausführlich dargestellt und teilweise übernommen in Klostermaier 1994, S. 477–82). Seit den 80er Jahren nimmt in Indien eine Tendenz zu, die gesamte Induskultur mit den vedischen Indern zu verbinden und damit auch ihre Schrift auf der Grundlage von Sanskrit zu entziffern. Diese Versuche übersehen aber den außerordentlich großen Unterschied, der zwischen der in den vedischen Texten geschilderten materiellen Kultur und der Industal-Kultur besteht. Gegen die Gleichzeitigkeit dieser Kulturen im indischen Raum spricht auch, daß die Industal-Bewohner weder das Pferd noch den leichten Streitwagen kannten, die für die Kultur der Arier so charakteristisch sind.

Es gibt also gute Gründe, der frühen Datierung des Veda nicht zu folgen. Man muß auch bedenken, daß der Beginn einer vedischen Kanonbildung bereits die Vereinigung mehrerer arischer Stämme unter einer Herrschaft voraussetzt. Solche Prozesse sind sowohl im Veda selbst bezeugt als auch in den Epen und Purāṇas überliefert. Wie man aus den Namen der im Rigveda erwähnten Flüsse ersehen kann, war diese älteste Textsammlung erst abgeschlossen, als die Arier bereits das Gangestal bis hin zur Grenze des heutigen Bihar besiedelt hatten. Es entstanden zunächst drei Sammlungen vedischen Wissens (Veda = Wissen), von denen jede das Repertoire eines der drei aktiven Hauptpriester enthält, die am vedischen Opfer beteiligt sind. Der vierte Hauptpriester, der das ganze Ritual überwacht und nur eingreift, wenn er einen Fehler entdeckt (der sofort geheilt werden muß, weil sich sonst Dämonen des

Opfers bemächtigen können), muß alle drei Veden kennen. Zusammen bilden diese drei Veden das „dreifache Wissen" (*trayī vidyā*). Erst viel später, wahrscheinlich nicht vor dem 3. Jahrhundert v. Chr., wurde eine weitere Textsammlung, der Atharvaveda, als vierter Veda anerkannt.

Die älteste dieser Sammlungen ist der Rigveda (Veda der Verse), d.h. die Hymnen, mit denen der „Rufer" (*hotri*) die Gottheit zum Opfer einlädt. Die zweite ist der Sāmaveda (Veda der Gesänge), d.h. die Zusammenstellung von ausgewählten Versen aus verschiedenen Hymnen des Rigveda, die aufgrund ihres Wortlauts zu bestimmten Opferhandlungen passen und die der „Sänger" (*udgātri*) an geeigneter Stelle während der Opferhandlung singt und damit eine magische Verbindung zwischen dem Inhalt des Verses und der Opferhandlung schafft. Der Yajurveda (Veda der Opfersprüche) enthält die Sprüche, die der Adhvaryu murmelt, während er die eigentliche Opferhandlung vollzieht. Die nachträglich hinzugefügte vierte Sammlung, der Atharvaveda (Veda des Feuerpriesters), umfaßt teils sehr altes, teils auch apokryphes oder volkstümliches Material, das neben kosmogonischen und spekulativen Hymnen vor allem Verse enthält, die der Abwendung von Gefahren und der Heilung von Krankheiten dienen, oder das geeignet ist, mit Hilfe von Magie einen Dämon zu verscheuchen oder ein erwünschtes Ergebnis herbeizuzwingen. Diese vier Veden – und unter ihnen vor allem der Rigveda – bilden schon aufgrund ihres Alters *die* Heiligen Texte schlechthin. Spätere Generationen haben die Veden als nicht-menschlichen Ursprungs (*apaurusheya*) verstanden und die Inspiration der vedischen Dichter als Offenbarung oder wörtlich Hörung (*shruti*): eine Offenbarung von heiligem Wissen, das seit Ewigkeit besteht, während die Welten in zyklischem Kreislauf entstehen und vergehen.

Die Veden sind, genau genommen, keine heiligen Schriften, denn die Ārya um 1000 v. Chr. kannten keine Schrift. Es handelt sich um mündliche Überlieferung, um eine unglaubliche Gedächtnisleistung, denn allein der Rigveda umfaßt 1028 Hymnen mit 10 417 Versen und insgesamt 153 826 Worten –

ein Textcorpus, das mit allen Akzenten in mündlicher Form tradiert worden ist. Und dies ist nur der Mantra-Teil, der die metrischen Preisgesänge enthält.

Hinzu kommen für jeden Veda mindestens ein Brāhmana, das Kommentare, ausführliche Anweisungen zum Ritual und theologische Begründungen oder spekulative Ausdeutungen jeder einzelnen Opferhandlung bietet. In diesen Brāhmanas zeigt sich bereits eine derartige Spezialisierung und Verselbständigung der Opferwissenschaft, daß die Götter als Akteure gar nicht mehr so wichtig sind. Es sind die Priester, die mit ihrem fehlerfreien Opfer einen Mikrokosmos gestalten, der kraft ausgeklügelter ritueller Identifikationen eine unvermeidliche Wirkung auf den Makrokosmos ausübt. Die Götter können gar nicht anders: Sie werden zu Vollzugsgehilfen der Priester, die nun durch ihre Opferwissenschaft eine nie gekannte Macht gewinnen. In der Hierarchie der Kasten beanspruchen sie für sich die höchste Position. Zwar bildet sich keine einer Kirche vergleichbare Organisation, aber die Exklusivität, mit der sie ihr Wissen nur an sorgfältig geprüfte Brahmanen weitergeben, schafft den Priestern ein Wissensprivileg, das auch weltlichen Einfluß sichert.

An die Brāhmanas schließen sich Āranyakas (esoterische „Waldtexte") und Upanishaden an, als „vertraulich, geheim" eingestufte philosophische Deutungen für einen engen Kreis von Schülern, die sich „nahe niedersetzen" (*upa-ni-shad*), damit der Lehrer so leise sprechen kann, daß es kein Unberufener hört.

Dies alles galt als Wissen, das Macht verleiht. Selbst als es die Schrift schon gab, wurde ihr der Veda nicht anvertraut, denn die magische Macht des Vedawortes sollte nicht in falsche Hände geraten. Das vedische Wissen war zum beruflichen Besitz und zur wirtschaftlichen Existenzgrundlage der Brahmanen geworden. Diese entwickelten eine Reihe von Hilfswissenschaften für das Studium des Veda, für die technisch und zeitlich perfekte Durchführung des Rituals einschließlich des Altarbaus und für die Kodifizierung von religiös fundiertem Recht und Brauchtum. Auch diese Texte wurden mündlich überliefert, gehören aber nicht zur Offenbarung (*shruti*), sondern zur autoritativen Erinnerung (*smriti*), und sie werden als sechs „Glieder des Veda" (*vedānga*) zu bedeutenden Wissenschaften entwickelt. Ihr Gegenstand ist in traditioneller Reihenfolge Ritual und Recht (*kalpa*), Astronomie (*jyotisha*), Phonetik (*shikshā*), Metrik (*chandas*), Etymologie (*nirukta*) und Grammatik (*vyākarana*). Die Astronomie, welche die Konstellation der Gestirne und den günstigsten Zeitpunkt für die Durchführung von Ritualen vorausberechnen mußte, hat die hohe Entwicklung der indischen Mathematik zur Folge gehabt. Phonetik, Metrik, Etymologie und Grammatik dienten der korrekten Memorierung und dem Verständnis des Veda, wobei sich vor allem die Grammatik zu einer Wissenschaft von erstaunlicher Perfektion entwickelte. Das Ritual wurde – stark vereinfacht – bis in die Gegenwart tradiert, während umgekehrt das altindische Recht sich mehr und mehr differenziert hat, seinem Tenor nach aber brahmanisch blieb und sich noch bis in die Neuzeit auf die Rechtspraxis ausgewirkt hat.

Wenn heute in Indien vom Veda oder von der Shruti gesprochen wird, so ist es meist sein spätester Teil, der gemeint ist: die Upanishaden, die man auch als das „Ende des Veda" (*vedānta*) bezeichnet, und die diesen gewidmeten Kommentare. Von den vedischen Hymnen selbst gehören nur noch wenige Verse zur Allgemeinbildung der Brahmanen. Eine wirkliche Kenntnis des Veda und seiner archaischen Sprache ist nur noch einzelnen Spezialisten vorbehalten. Die Upanishaden aber spiegeln bereits die Ergebnisse früher indischer Wissenschaft vom Menschen und von der Natur. Sie suchen nach dem Ursprung der Götter und entwickeln dabei eine neue Theologie und Kosmologie. Zugleich entwerfen sie ein neues Menschenbild, das sich auf alle später entstehenden Religionen prägend auswirkt.

## b) Die Lehren der Upanishaden

Zwei neue Lehren sind es vor allem, die religionshistorisch besonders bedeutungsvoll werden: die Lehre vom Brahman und die Lehre von der Wiedergeburt. Mit ihnen vollzieht sich ein grundlegender Wandel. Sie gehen aus der vedischen Religion hervor, vernichten aber deren wichtigste Wurzeln. Die vedischen Götter sinken in der Folgezeit zur Bedeutungslosigkeit herab, und auch die bisherigen Jenseitsvorstellungen und die Hoffnung auf ein paradiesisches Leben in der Welt des Gottes Indra verlieren ihre Anziehungskraft.

*Die Lehre von Brahman und Ātman.* – Die Lehre vom Brahman entsteht als Konsequenz einer langen Serie von Versuchen, den Ursprung der Welt zu ergründen. Nach vedischen Kosmogonien waren die Götter schon da, als die Welt und ihre Geschöpfe entweder durch einen Meisterbildner gestaltet oder durch ein Elternpaar gezeugt, durch die Glut der Askese oder durch die formende Macht eines Opfers erschaffen wurde. Die Frage blieb, woher die Götter gekommen waren. Eine Lösung versprach das Bild des Eis, das bebrütet wird und in dem sich ein „goldener Keim" entfaltet, aus dem der Schöpfergott entsteht. Aber auch hier fragt sich, woher das Ei kam und wer es bebrütete.

Die Philosophen der Upanishaden versuchen andere, abstraktere Wege der Erklärung. Könnte die Welt aus dem Nichts entstanden sein? Das war ein naheliegender Gedanke. Aber wie wäre das möglich, da doch eine Wirkung immer bereits in ihrer Ursache angelegt sein muß! Nein, Seiendes kann nur aus Sein entspringen. Es muß also zu Anfang ein Eines gegeben haben, etwas, das mächtig genug war, das Wunder der Welt zu erschaffen. Es mußte auch wahr und wirklich sein, denn nur aus Wahrheit haben die Dinge Bestand. Aus diesem Einen als letzter Ursache mußte alles – das Geistige und das Materielle – hervorgegangen sein.

Man nannte dieses Eine *brahman.* Dies war die übliche Bezeichnung für den sinnvoll ausgewählten, im Opfer eingesetzten und auf Grund seiner inhärenten Wahrheit magisch wirksamen Vers oder Halbvers aus dem Veda, der dem Opfer zu seiner Wirkung verhalf. Ja, der ganze Veda konnte als Brahman bezeichnet werden. Waren nicht diese vedischen Worte, so vergänglich sie in ihrer Artikulation auch sein mögen, ewig und wahr? Das Brahman ist jenes Bleibende, das hinter dem gesprochenen Wort liegt, das Unsichtbare, Unhörbare, nicht Tastbare, aber eigentlich Wirksame, das allem Dasein zugrunde liegt. Dieses Brahman, so überlegte man, muß Bewußtsein besitzen, denn wie sonst hätten bewußte Wesen aus ihm entstehen können? Wie hätte es den Kosmos so sinnvoll gestalten, wie hätte es ihn überhaupt erst ausdenken können? Es muß ja zuallererst den Wunsch gehabt haben, etwas zu erschaffen, und schon dieser Wunsch setzt Bewußtsein voraus. Es muß aber auch Substanz besitzen, selbst wenn diese noch so feinstofflich ist, denn sonst hätte es nicht die Dinge und Körper hervorbringen können.

In der ganzen Welt, in allen Dingen und in allen Wesen, auch im Menschen, ist dieses Brahman vorhanden, nicht erkennbar, aber präsent. Selbst unsichtbar, macht es das Sehen möglich, selbst unhörbar, macht es das Hören möglich, selbst undenkbar, liegt es allem Denken zugrunde. Man hatte zuvor schon erkannt, daß der Atem als Lebensträger des Menschen mit dem bewußten Selbst zusammenhängt. Denn wenn der Atem erlischt, erlischt auch alles Bewußtsein. Deshalb war es ein logischer Schritt, das Brahman mit dem bewußten Selbst und Lebensträger des Menschen, dem Ātman, zu verbinden, ja beide als identisch zu erkennen.

Welche Folgen hatte diese Lehre? Zunächst wurde deutlich, daß die Götter nur untergeordnete Figuren sind. Was sie zu leisten vermögen, verdanken sie dem in ihnen präsenten Brahman. Die spätere Kena Upanishad (3–4) faßt diese Konsequenz in einer Parabel drastisch zusammen: Der Feuergott Agni könnte keinen Strohhalm verbrennen, der starke Windgott Vāyu keinen Strohhalm wegblasen, wenn Brahman ihnen nicht die Erlaubnis dazu gäbe.

Was sich hier ganz unspektakulär im forschenden Denken einer gelehrten Oberschicht ereignet – Brahmanen und Fürsten waren an diesem Diskurs beteiligt –, ist der Beginn einer neuen Religion. Der Polytheismus verlor seine herrschende Position, und an seine Stelle trat der Monismus. Es fand ein Systemwechsel statt, der die weitere Religionsgeschichte Indiens entscheidend prägen sollte. Die entmachteten Götter verschwanden nicht, so wie auch Pflanzen, Tiere und Menschen nicht verschwanden, weil man das Brahman als herrschendes Prinzip erkannt hatte. Aber der gesamte Polytheismus wurde dem Brahman untergeordnet, die einst frei herrschenden vedischen Götter sanken zu Dienstboten einer höheren Macht herab.

Das Denken der Philosophen und das Streben der Priester begann sich nun allmählich vom Spezialistentum des Opferhandwerks und den damit verbundenen weltlichen Zielen abzuwenden, um sich der Introspektion zu widmen, den Ātman zu erkennen und die Identität von Ātman und Brahman – von individuellem Bewußtsein und absolutem Bewußtsein – zu realisieren. Zu diesem Ziel führte nicht mehr der Weg des Opfers, sondern der Weg der Meditation, des Yoga und der existentiellen Erkenntnis.

*Die Wiedergeburtslehre.* – Die zweite Neuerung, die in der Zeit der älteren Upanishaden zunächst noch in geheimen Zirkeln, dann immer offener diskutiert wurde, war die Wiedergeburtslehre und die Lehre von den Tatfolgen (*karma*). Gewiß trugen mehrere Ursachen zur Entwicklung dieser Lehre bei. Da war erstens die systematischere Beobachtung der Natur. Die kreisende Bewegung der Sonne, des Mondes und des Sternenhimmels waren längst bekannt, ebenso der zyklische Ablauf des Jahres und der Jahreszeiten mit ihren charakteristischen Wetterbedingungen. Inzwischen betrieben die arischen Stämme neben der Viehzucht längst auch Ackerbau, und damit kamen weitere Kreisläufe hinzu: Der Kreislauf des Wassers, das sich, von der Sonne aufgesogen, in Wolken sammelt und wieder herunterregnet; oder der Kreislauf des pflanzlichen Wachstums, das aufsprießt, Blüten und Frucht trägt, dann vertrocknet und abstirbt, um im nächsten Jahr wieder neu auszuschlagen. Die ganze Natur schien zyklischen Strukturen zu folgen. Es gab eine ewige Wiederkehr des Gleichen. Sollte dies nicht für die Menschen ebenfalls zutreffen?

Eine andere Überlegung nahm ihren Ausgang von der rituellen Versorgung der Ahnen. Dies war eine der wichtigen

Pflichten der Menschen. Wie aber konnten die vielen Toten in der Welt der Verstorbenen Platz finden, wenn dort niemand starb? Oder sollten auch die Verstorbenen einen Wiedertod sterben? Und was geschah dann mit ihnen?

Schließlich stellte sich auch die Frage nach der Gerechtigkeit. Wo blieb sie, wenn die Bösen Macht erlangen oder die im Opfer Nachlässigen zu Reichtum kommen konnten? Zumindest nach dem Tode mußten sich ihre Sünden auf ihr Schicksal auswirken! Das Handeln und das Wissen eines Menschen mußte für das Dasein nach dem Tode bestimmend sein!

Handeln und Wissen, diese beiden Begriffe führen ins Zentrum einer auf veränderten ethischen Konzepten basierenden Weltsicht. Nicht mehr das vorgeschriebene, oft routinemäßige Handeln allein entscheidet über seinen Wert, sondern die Motivation, die dieses Handeln leitet und begründet, und die Erkenntnis, die ihm tiefere Sinndimensionen erschließt.

Handlungen – so begann man damals zu denken – zeitigen nicht nur äußere Wirkungen, die jeder sehen kann, sondern sie hinterlassen auch einen Eindruck, eine Markierung in der Seele des Handelnden, und diese inneren Prägungen legen den Keim für künftiges Glück oder Leid. So wie Makrokosmos und Mikrokosmos korrespondieren, so korrespondiert auch Brahman mit Ātman und die äußere Handlung (*karma*) mit der daraus resultierenden inneren Prägung, die ebenfalls als Karma bezeichnet wird und die sich als „Tatfolge" im Sinne einer Programmierung künftigen Erlebens verstehen läßt. Diese Vorstellung hat wichtige Konsequenzen, denn nun bringt jede Tat ihren Lohn oder ihre Strafe mit naturgesetzlicher Sicherheit automatisch hervor. Ein strafender Gott wird nicht mehr benötigt, und auch der Lohn für gute Tat ergibt sich von selbst. Erst das Erleben dieser Konsequenzen löscht die karmische Prägung in der Seele. Karma, gutes wie schlechtes, wird also durch entsprechendes Erleben von Glück und Leid wieder aus der Seele getilgt.

Was aber heißt hier Seele? In den älteren Upanishaden wird es nur angedeutet, erst in späteren Texten deutlicher ausformuliert. Es bezeichnet einen unsichtbaren, feinstofflichen

Leib, der den Ātman, das ewige und unvergängliche Selbst im Menschen, umgibt. In diesem Leib sind alle Organe in subtiler Form bereits angelegt. Man nennt ihn Jīva, die „Lebensseele", oder Bhūtāman, das „elementare Selbst" oder das „Selbst des entstandenen Wesens". Wenn ein Mensch stirbt, so ist dieser Jīva das einzige, was fortbesteht. Nach alter Vorstellung hörte ja der Tote nicht gänzlich auf zu existieren, sondern wurde zum Preta, zum Totengeist, der einer rituellen Versorgung bedurfte, um in die Welt der Väter (*pitriloka*), in die Welt des Yama (*yamaloka*), vielleicht sogar in Indras Paradies (*indraloka*) zu gelangen, wo er mit einem neuen, jugendlichen Leib umgeben wird. Erhält er aber kein Totenritual von seinen Nachkommen, so bleiben ihm jene Welten verschlossen, und er irrt hungernd umher und wird den Menschen gefährlich.

Auch vor der Zeit der Wiedergeburtslehre gibt es also einen unsichtbaren Leib, der den Tod überlebt. Mit der Karmalehre wird deutlich, daß die Qualität dieses Leibes und die künftigen Erfahrungen von Glück und Leid in Himmeln oder Höllen durch frühere Handlungen bereits vorgeprägt sind. Wo Handeln nur aus Selbstsucht oder Bosheit stattfindet, führt es zur Befleckung und Verdunkelung der ihrer Natur nach lichthaften Seele und ihrer Wahrnehmungsorgane. Wo dagegen selbstlos, aus Güte oder aus der Erkenntnis einer Notwendigkeit gehandelt wird, führt die karmische Prägung zu größerer Reinheit des Jīva und seiner feinstofflichen Organe.

Die Kombination der Erkenntnisse über die zyklischen Prozesse und den Kreislauf des Lebens mit der eben geschilderten Karmalehre führte zu der Wiedergeburtslehre, wie sie in ihren wesentlichen Zügen bis heute besteht. Sie löste mit einem Schlage mehrere Probleme. Die jenseitigen Welten werden nicht übervölkert, weil auch dort die Wesen nur solange bleiben, bis das entsprechende gute oder schlechte Karma verbraucht ist. Das Problem der innerweltlichen Gerechtigkeit war damit gelöst, und die sozialen, wirtschaftlichen und gesundheitlichen Unterschiede erhielten eine neue, im Individuum selbst verankerte Legitimation.

Je nach vorherrschender Qualität des Karma in der Lebensseele kann sich diese in allen Gattungen des Lebendigen verkörpern. In der konsequentesten Form, die der Gegenwart des Brahman in allem Seienden gerecht wird, reicht die Skala der Inkarnationsmöglichkeiten von den Atomen über die Elemente, Mineralien, Pflanzen, Tiere und die Bewohner der Höllen und Unterwelten zu dem Menschen und weiter zu den himmlischen Genien und Göttern. Andere wollten die Atome, Elemente und Mineralien als unbelebte Materie ausschließen, wie es heute mehrheitlich geglaubt wird. Und wo innerhalb einer Gattung Hierarchien bestehen, wie dies z. B. beim Menschen durch soziale Schicht (*varna*) und Kaste (*jāti*), durch Geschlecht und sogar durch Bildungsgrad und Vermögen der einzelnen Familie gegeben ist, galt auch hier die Konstellation, in die man hineingeboren wird, ebenso wie die individuelle Gesundheit, die körperlichen und geistigen Fähigkeiten und sogar das einem zufallende Glück oder Unglück als karmisch bedingt.

Es ist klar, daß die Lehre von Wiedergeburt und Karma ein relativ hohes Maß an Bildung und Vorstellungskraft voraussetzt. Auch schreckt es einen auf schnellen Gewinn bedachten Räuber kaum ab, wenn er erfährt, daß die Übeltat ein künftiges Leben belasten werde. Die Lehre richtete sich an einen Kreis von Gebildeten, von Philosophen, die das Wesen der Menschen ergründen wollten. Ihre wichtigste Errungenschaft war es, daß sie das Problem der Theodizee auf überzeugende Weise löste. Denn ihre Botschaft lautet, daß die Ungerechtigkeit in der Welt nicht von irgendeinem zynischen oder sadistischen Gott stammt, der seinen Geschöpfen ungleiche Lebensbedingungen und Chancen bietet. Jeder hat sein Schicksal selber verursacht. Das mag ein schwacher Trost sein, aber er öffnet eine für das ethische Verhalten entscheidende neue Perspektive: Jeder hat die Möglichkeit, sein künftiges Schicksal selber zu beeinflussen. Elend ist nur Elend auf Zeit, Glück ebenfalls. Verantwortung kann nicht abgeschoben werden, sie liegt bei jedem selbst. Und diese Botschaft galt nicht nur den Armen. Sie richtete sich auch an Fürsten und Kaufleute, die erkennen sollten, daß mißbrauchte Macht oder betrügerischer Gewinn auf lange Sicht auch dem Täter nur Schaden bringt.

Die Fürsten freilich nutzten zwar die neue Lehre, um ihren eigenen Status zu legitimieren, setzten zur Disziplinierung ihrer Untertanen aber lieber auf Abschreckung. Im Reich des Totengottes Yama, so verkündet es zu gleicher Zeit ein anderer Traditionsstrang, erwartet die Verstorbenen ein Gericht, das gute und schlechte Taten und Gedanken gegeneinander abwägt. Als Lohn winkt ein glückliches Dasein in glanzvollen Palästen, als Strafe drohen schreckliche Höllen.

Solche Höllenvorstellungen hatte es im älteren Veda noch nicht gegeben. Es war vor allem die Erinnerung der Nachkommen, in der es für die freigebigen Opferer, für die Freunde der Wahrheit und tapferen Kampfgenossen des Gottes Indra nach dem Tode ein Weiterleben gab. Die Bösen, die Feinde der Wahrheit und Freunde des Trugs waren der Erinnerung nicht wert und verschwanden in der Grube – ein Hinweis darauf, daß es die Erdbestattung noch gab. Neben dieser Erinnerungswelt der Helden mußte es jedoch auch eine Welt geben, in der die verstorbenen Vorfahren, die „Väter", von den Opfergaben ihrer Nachkommen lebten. Es entwickelten sich im Lauf der Zeit konkurrierende Vorstellungen, wo sich die Welt der Toten befinden sollte: in der äußersten Höhe des Himmels, dort wo aus einem Brunnen Süßwasser in das Himmelsgewölbe einströmt, an dem sie sich laben können. Oder sie befand sich auf dem Mond, der bei Vollmond einer gefüllten Schale gleicht, aus welcher die Götter im Laufe eines halben Mondmonats den Nektar schlürfen, bis nur noch ein Sechzehntel als schmale Sichel zu sehen ist. Dann ziehen sich die Götter zurück, und die Väter trinken den Rest aus. Den Menschen obliegt es, dies himmlische Gefäß in der Monatshälfte des zunehmenden Mondes durch ihre Opfer wieder zu füllen. Eine dritte Vorstellung kannte das schon erwähnte Reich des Totengottes Yama, das im fernen Westen liegt, wo die Sonne untergeht. Dort residiert König Yama, der erste Sterbliche, der den Tod erlitt und den Weg in jene Welt fand. Nach dem Mythos war er der jüngere Bruder des Manu, des ersten Menschen, und der Sonnengott war ihr Vater. Yama zeichnete sich aus durch unbestechliche Gerechtigkeit und wurde zum Dharmarāja, zum Symbol eines Herrschers, der Recht und Sitte schützt. Er wurde auch zum allwissenden Richter der Toten. Die Höllenkonzepte wurden erst später hinzugefügt oder ausgemalt und setzen die Entwicklung einer zentralisierten fürstlichen Gerichtsbarkeit voraus. Wo sie ihren Ursprung haben, ist ungewiß, denn es gibt sie in allen Kulturen mit hierarchisch gegliederter Gesellschaftsstruktur und entwickelter Organisationsstufe. Unter den Nachbarkulturen Indiens lassen sich sowohl im Iran und im vorderen Orient als auch in den nordischen Religionen und in China Parallelen finden. In Nordindien jedenfalls treten die Vorstellungen von der Hölle auf, als das Land bereits in Siedlungsgebiete der einzelnen Völkerschaften (*janapada*) aufgeteilt war und es Städte gab, die auch den Fernhandel anzogen. Die Grenzen nach Zentralasien und dem Westen, wo jenseits des Hindukush sprachlich verwandte Stämme lebten, waren für Waren und für Weltbilder gleichermaßen offen.

Mit der Entmachtung des vedischen Götterpantheons, der Begründung eines religiösen Monismus und der Einführung der Wiedergeburts- und Karmalehre ergab sich zwangsläufig eine neue Theologie – falls die Anwendung dieses Begriffs auf die nicht-personale, abstrakte Konzeption des Brahman erlaubt ist – und eine gänzlich neue Anthropologie. Doch damit ist nur ein Teil der weitreichenden Veränderungen erfaßt, die sich in der religionsgeschichtlich so ungeheuer reichen Zeit der älteren Upanishaden anbahnten. Der Tod verlor nun zwar zumindest einen Teil seines Schreckens und entpuppte sich als Tor, durch das man schreitet, um ein neues Leben zu beginnen. Aber die Vorstellung immer neuen Lebens enthielt auch einen bitteren Beigeschmack, denn jedem neuen Dasein waren wieder Krankheit, Alter und Tod beschieden.

Die Attraktion der Chance einer Wiedergeburt verblaßte in den Kreisen der Gelehrten erstaunlich rasch, und ihre Gedanken richteten sich auf die Suche nach einem Ausweg aus diesem Kreislauf des Lebens. Das Ziel war deutlich: die Verschmelzung des individuellen Bewußtseins mit dem absoluten Bewußtsein, des Ātman mit dem Brahman. Die Frage war, auf welchem Wege man es am besten erreicht.

Der Monismus prägte nicht nur den Vedānta der Upanishaden, er wurde höchst wirksam zusammengefaßt in den einflußreichen Brahmasūtras des Bādārāyana, die ihrerseits im Laufe von Jahrhunderten von 49 Kommentatoren ausgelegt wurden, darunter so herausragende Theologen wie Shankara (um 700 n. Chr.), Rāmānuja (11.–12. Jahrhundert) und Madhva (13. Jahrhundert). Die bedeutende Lehre Shankaras, die einen reinen Monismus verkündet, erhielt im 14. Jahrhundert intensive Förderung seitens der Herrscher von Vijayanagara, des damals mächtigsten Reiches im südlichen Indien. Die Lehre, die es erlaubt, alle Götter, auch die Hochgötter monotheistischer Religionen wie Vishnu und Shiva, dem attributlosen Brahman unterzuordnen, wurde damals politisch eingesetzt, um die Kräfte aller Hindus im Kampf gegen die auf Expansion bedachten Sultanate des Dekkhans zu vereinen. Die gleiche Motivation lag auch dem erneuten Erstarken des Advaita Vedānta im 19. und 20. Jahrhundert zugrunde.

*Der Pantheismus.* – Es ist charakteristisch für den Monismus, daß er auch in einen Pantheismus umschlagen kann. Der entscheidende Unterschied zwischen beiden besteht nur in der Perspektive des Betrachters. Richtet sich der Blick auf den Ursprung, so entsteht ein Monismus, richtet er sich dann auf die Welt, so ist ein Pantheismus oder ein Illusionismus (die Welt als bloßer Schein) die Folge. Beides hat es in Indien gegeben.

Nachdem einmal das Brahman als einzige Quelle alles Daseins erkannt worden ist und unter der Prämisse, daß es am Anfang außer dem Brahman nichts anderes gab, wird der Denker, der die Natur der Welt zu ergründen sucht, geradezu gezwungen zu begreifen, daß nicht nur die Idee, sondern auch das Material aller Dinge dieser Welt auf das Brahman selbst zurückgeht. Mit anderen Worten: Der schöpferische Prozeß, der die Welt hervorbringt, kann nur in einer Umwandlung (*parināma*) des Brahman selbst, in einer vielfältigen Gestalt-werdung seiner selbst bestehen, so daß alles, was entsteht, nichts anderes sein kann als Brahman selbst. Jeder Stein ist Brahman, jeder Wassertropfen, jeder Grashalm, jedes lebendi-ge Wesen und jede kleinste Komponente der Materie: Alles was ist, ist göttlich.

Diese pantheistische Konsequenz des Monismus tritt bereits in den älteren Upanishaden auf. Sie wird von den Brahmanen im Opfer benutzt, wenn es darum geht, durch magische Iden-tifikationsprozesse besondere Wirkungen zu erzielen. Man läßt sie im Bereich einer Geheimwissenschaft zu, scheint sie aber in der Öffentlichkeit eher zurückdrängen zu wollen. Zu leicht nämlich ließe sich die pantheistische Erkenntnis mit dem Animismus jener Nicht-Arier in Indien verwechseln, die in Bäumen, Steinen, Quellen, Bergen und Tieren verborgene Göt-ter verehren. Die Ausgrenzung des Animismus der Volkskulte ist den vedischen Brahmanen wichtig, weil sie sonst Gefahr laufen, ihre elitäre Eigenart zu verlieren und in der Masse der einheimischen Bevölkerung aufzugehen.

Dennoch verschwindet der Pantheismus nicht, auch nicht, als das vedische Opfer von neuen religiösen Bewegungen ab-gelöst wird. Er dringt in die monotheistische Theologie radi-kaler Shivaiten ein, deren Anhänger sich darin üben müssen, den Herrn (*īshvara*) in allen Dingen zu erkennen. Etwas Un-reines gibt es nicht. Alles ist rein, weil alles von Gott ist. Selbst Kot soll man essen, wenn es darum geht, zu lernen, zu begrei-fen und den anderen zu zeigen, daß alles ohne Ausnahme göttlich ist. Solche extremen Formen der religiösen Selbstdis-ziplinierung konnten freilich nur Randerscheinungen bleiben. Wichtiger war daher eine zweite Bewegung, in welcher der Pantheismus noch einmal bedeutende literarische Spuren hin-terließ: die Bhakti-Bewegung, auf die wir noch zurückkommen werden.

*Das Aufkommen monotheistischen Denkens.* – Der eben ge-schilderte monistische Strang upanishadischen Denkens war nicht der einzige, der sich in dieser geistig außerordentlich lebendigen Zeit entfaltete. Schon an seinem Ursprung, der Entdeckung des Einen, das über allen Göttern und hinter allem Dasein von Urbeginn an existierte und aus dem alles hervorgegangen war, schieden sich die Geister. Über die ersten Gedankenschritte herrschte Konsens: Das Eine mußte Sein besitzen, und in ihm mußte ein Wunsch entstehen, ein Gestaltungsdrang, der zur Erschaffung der Welt führte, und ein Bewußtsein, um jede Einzelheit dieser Welt und ihrer Ordnung zu erdenken. Wo aber ein Wunsch und ein Bewußtsein war, da mußte auch jemand sein, der beides besaß: eine Person und nicht ein Neutrum.

Es gab also eine Alternative zum gestaltlosen (*arūpa*), eigenschaftslosen (*nirguna*), unerkennbaren (*acintya*) Brahman. Diese Alternative war ein personhafter Gott mit Eigenschaften (*saguna*), ein Schöpfer, Ordner und Erhalter der Welt. Hierfür bot es sich an, das Brahman einfach als Maskulinum zu verstehen. Dies erforderte nur eine Verschiebung des Akzents von der ersten Silbe (*bráhman*) auf die zweite (*brahmán*). Im Nominativ Singular ergibt sich daraus die Form Brahmā, die sich für diesen Gott eingebürgert hat, um ihn deutlich vom Neutrum Brahman zu unterscheiden. Der Gott Brahmā war aber im Veda nicht vorhanden, und der Veda blieb nach wie vor ehrwürdige Autorität. Die namentlich bekannten Götter des vedischen Pantheons waren entmachtet und konnten daher nicht in Frage kommen. Allerdings gab es im Veda einen namenlosen Gott mit dem Titel Prajāpati: „Herr der Geschöpfe". Mit ihm wurde Brahmā nun identifiziert, damit zugleich auch in der Tradition verankert und belebt.

Die monotheistische Vorstellung, die einen einzigen höchsten Gott an den Anfang allen Seins stellte, konnte sich aber auch eines zweiten Elements aus dem Veda bedienen: der Idee eines goldenen – d.h. unvergänglichen – Embryos (*hiranyagarbha*), der sich am Anfang gebildet hatte. Er war als alleiniger Herr der Schöpfung geboren. Er gab Atem und Kraft, seine Weisungen befolgten die Götter, Unsterblichkeit und Tod waren seine Schatten. Er war es, der Himmel und Erde erschuf, der den Raum ausmaß und die Sonne stützte (Rigveda

10, 121). Diese Vision kombiniert das Bild des Eis, in dessen wässrigem Eiweiß der goldene Dotter schwimmt, mit dem Bild des menschlichen Embryo, der im Fruchtwasser schwimmt, und wahrscheinlich auch mit dem Bild der Sonne, die als goldener Ball aus dem Meer aufsteigt oder geboren wird. Jedenfalls nimmt das Eine Unsterbliche (golden), aber noch Ungeborene, wenn es aus unergründlichem Drang den Wunsch nach Welt entwickelt, als Erstes Gestalt an und wird zur personalen Gottheit, zum Herrn der Schöpfung (den man im Veda Prajāpati oder Purusha, in späteren Zeiten auch Bhagavān oder Īshvara nennen kann), der dann die Welt der groben Elemente und ihre Naturgesetze gestaltet und in ihr, beginnend mit den Göttern, den Prozeß der Schöpfung zahlreicher Lebewesen in Gang setzt. Das Aufkommen des zyklischen Denkens ergänzt dieses Bild und rundet es ab: Ihrem eigenen Rhythmus folgend (nach späterer Auffassung: um eine dekadent gewordene Welt wieder zu vernichten), nimmt diese Gottheit schließlich die Welt und die Geschöpfe wieder in sich zurück.

Nach diesem Modell lassen sich gestaltloses Brahman (Zustand vor der Geburt des goldenen Embryos) und personale Gottheit als zwei unterschiedliche und möglicherweise einander abwechselnde Phasen im unbegrenzten Dasein einer einzigen Gottheit begreifen. Dabei ist aber auch klar, daß diese höchste Gottheit *immer* personal ist, solange es Welt, Raum, Zeit und Geschöpfe gibt, und daher auch eine Beziehung zwischen Geschöpf und Schöpfer hergestellt werden kann. Für die Menschen (und für alle anderen denkenden Wesen einschließlich der Götter) kann es daher keine Alternative zum monotheistischen Ansatz geben.

Der Monotheismus, der sich in dieser Zeit als Alternative zum Monismus etabliert, ist daran erkennbar, daß er sich dem arbeitsteiligen Prinzip des polytheistischen Pantheons nicht einfügt, in dem jeder Gottheit spezifische Funktionen zugeschrieben werden. Vielmehr übernimmt *eine* Gottheit die Aufgaben aller. Sie ist Schöpfer und Erhalter der Welt, allwissend, allmächtig und unvergänglich; sie besitzt universale Zuständigkeit und hat vor allem die Macht, dem Menschen Erlösung zu gewähren. Eine solche Gottheit tritt mit dem Polytheismus der späten vedischen Periode kaum mehr in Konkurrenz. Die vedischen Götter sind bereits theologisch entmachtet, und wenn sie auch im Volk noch mit Opfern verehrt werden, kann man sie doch problemlos als dienstbare Geister dem Herrn der Schöpfung unterordnen. Die voll entwickelte Wiedergeburtslehre macht es später möglich, diese Götter als Seelen im Kreislauf der Geburten aufzufassen, die aufgrund guten Karmas vorübergehend im Bereich der Götter wiedergeboren sind. Sie haben ein langes Leben, sind aber nach wie vor sterblich. Dem höchsten Gott bleiben sie weit unterlegen.

Es ist nicht leicht, den uns erhaltenen literarischen Quellen einigermaßen verläßliche historische Daten zu entnehmen, da sie vorwiegend mündlich überliefert und dabei von Generation zu Generation ergänzt, erweitert und überarbeitet wurden. Eine Tendenz, alle göttlichen Funktionen in einer Gestalt zu bündeln, läßt sich schon in den späten Teilen des Rigveda erkennen, und sie wird ab dem 5. Jahrhundert v. Chr. immer stärker. Sich theologisch auf überzeugende Weise zu artikulieren, gelingt den neuen monotheistischen Religionen aber erst, als sich arbeitslos gewordene Brahmanen bereit finden, sich mit nicht-arischen, volkstümlichen Gottesvorstellungen auseinanderzusetzen. Das beginnt etwa im 4. Jahrhundert v. Chr., als unter der Herrschaft der Nandas das erste nordindische Großreich entsteht und die Jainas und Materialisten besonders gefördert werden; es wird noch deutlicher in der Mauryazeit, als sich der Herrscher Ashoka den Buddhisten zuwendet und die Brahmanen in ernste wirtschaftliche Schwierigkeiten geraten. Bevor wir uns den seit dieser Zeit entstehenden Texten zuwenden, ist noch ein Blick auf die Mönchsbewegungen zu werfen, die ebenfalls Erben des Gedankenguts der älteren Upanishaden sind.

## 4. Asketische, materialistische und monastische Reformbewegungen

Die Schwächung der vedischen Opferreligion wurde seit dem 5. Jahrhundert v. Chr. von drei Bewegungen intensiv genutzt. Die erste versuchte, Erlösung durch Erkenntnis zu gewinnen, und schlug zu diesem Zweck zwei Wege ein, die sich gegenseitig stützten: 1) die philosophische Analyse der Faktoren, die nötig sind, um die Entstehung und Existenz der Welt, so wie sie ist, zu erklären; 2) Yoga als Methode der Beherrschung des Atems und der Körperfunktionen, um mittels ungestörter Meditation sowohl tiefere Einsichten als auch die Verschmelzung des individuellen Bewußtseins mit dem absoluten Bewußtsein zu erreichen.

Die philosophische Analyse führte zur Entwicklung des Sāmkhyasystems, das alles Dasein auf zwei unvergängliche Prinzipien zurückführte: Purusha, das reine, absolute Bewußtsein, das männlich, nicht handelnd und von allem Geschehen unberührt dennoch durch seine bloße Aufmerksamkeit den Prozeß des Werdens auslöst und gestaltet; und Prakriti, die weibliche, selbsttätig handelnde Natur, aus der sich alles feinstofflich und grobstofflich materielle Dasein entfaltet. Da Prakriti selbst unbewußt ist, kann dies nur geschehen, wenn sie von Purusha angeregt wird, d.h. sein Bewußtsein sich gewissermaßen in ihr spiegelt, was dann (fälschlich) als individuelles Bewußtsein (Purusha oder Ātman) erscheint. Nach dieser Konzeption gibt es unzählige solcher sekundärer Seelen, in jedem lebendigen Wesen eine.

Der bloße Wahrnehmungskontakt von Purusha und Prakriti setzt eine Evolution in Gang, die über weitere 23 kausal verknüpfte Stufen die Bedingungen für alles unbelebte und belebte Dasein schafft. Wer diese insgesamt 25 Tattvas oder Daseinsprinzipien in ihrem Zusammenspiel erkennt, so hoffte man, hat die Möglichkeit, diesen Evolutionsweg bewußt zurückzuschreiten, um letztlich wieder bei dem in sich selbst ruhenden höchsten Purusha anzukommen.

Dieser Erlösungsweg ist ein Erkenntnisprozeß. Befreit und

in sich ruhend wie das höchste Prinzip, der *eine* Purusha, ist das individuelle Bewußtsein erst, wenn es alle Verbindung mit Prakriti gelöst hat. Yoga ist in zwei Phasen dieses Weges erforderlich: erstens, um mittels Meditation zur vollen Erkenntnis jedes einzelnen der Daseinsprinzipien zu gelangen, und zweitens, um die entscheidende Lösung tatsächlich zu vollziehen. Denn erst in der Versenkung und in der daraus entstehenden existentiellen Einheitserfahrung lösen sich die festen Verknüpfungen der Prakriti auf. Eine Verbindung von Sāmkhya und Yoga blieb mehr als 1000 Jahre bestehen. Doch konnte sich der Yoga auch mit monistischen und monotheistischen Systemen verbinden, wie dies vor allem im Shivaismus der Fall war.

Die zweite Bewegung, der Materialismus, wandte sich der Naturwissenschaft und rationaler Diesseitigkeit zu und leugnete sowohl die Existenz einer Seele als auch die einer jenseitigen Welt. Sie war getragen von einer städtischen Intelligentsia – eine Stadtkultur entwickelte sich im mittleren Gangestal in der zweiten Hälfte des 6. Jahrhunderts –, und sie richtete sich mit Vehemenz gegen das brahmanische Opferwesen und die gesamte Vedawissenschaft, die sie als Scharlatanerie und Betrug verwarf. Anstatt auf eine jenseitige Welt zu spekulieren, solle man sich bemühen, diese Welt so gut wie möglich zu gestalten und in ihr sein Glück zu finden. Diese rationalistische und hedonistische Einstellung hat ihre Spuren vor allem in Lehrwerken zur Staatsführung (*nīti*) hinterlassen und wahrscheinlich auch andere Wissenschaften, z. B. die Philosophie des Nyāya und Vaisheshika beeinflußt, sie konnte sich aber auf Dauer nicht halten. Als Nihilisten (*nāstika*) wurden ihre Anhänger von allen Religionen heftig bekämpft.

Die dritte dieser neuen Bewegungen bestand aus einer Reihe von unterschiedlichen asketischen Gruppen, welche die Lehre von der Wiedergeburt ernst nahmen und nun nach einer Möglichkeit suchten, dem ewigen Kreislauf der Geburten zu entrinnen. Anknüpfend an Lebensformen, die eigentlich dem dritten Lebensstadium zugedacht waren, suchten nun auch jüngere Menschen Unabhängigkeit von allen gesellschaftlichen und weltlichen Verpflichtungen und gingen in die Waldeinsamkeit. Ihre Versuche, durch Askese übermenschliche Kräfte zu mobilisieren, erfolgten nur zum Teil in völliger Vereinzelung. Man entwarf vielmehr mönchische Lebensformen, in denen Reinheit, Bedürfnislosigkeit, Gewaltlosigkeit und Meditation geübt wurden; die Abkehr von der Welt galt als Voraussetzung für die Selbstbefreiung und diese selbst als vornehmstes Ziel der Gebildeten. Prinzen und Kaufmannssöhne verließen ihren Beruf und ihre Elternhäuser, um sich dem Abenteuer der Erlösungssuche zu verschreiben.

Die Tradition hat die Namen mehrerer Anführer solcher Gruppen überliefert, aber nur zwei von den Mönchsbewegungen haben sich auf Dauer durchgesetzt: der Jinismus und der Buddhismus. Beide waren Reformbewegungen, die vom Kriegerstand im östlichen Gangestal (Bihar) ausgingen, wo die Fürsten großenteils nicht-arischer Herkunft waren. Der Jinismus war die ältere dieser beiden Bewegungen. Seine Bezeichnung verdankt er dem Ehrentitel „Jina" (Sieger) des Varddhamāna, eines älteren Zeitgenossen des Buddha, den man nach seiner Erleuchtung als Mahāvīra (großer Held) pries; unter diesem Namen ist er vor allem bekannt geworden. Der Tradition nach soll Mahāvīra (um 500) der letzte von 24 Tīrthankaras (Furtbereitern) gewesen sein. Die im Vergleich zum Buddhismus deutlich archaischere Form der jinistischen Lehre deutet darauf hin, daß sie wirklich älter ist und daß der unmittelbare Vorgänger Mahāvīras, Pārshva, eine historische Persönlichkeit gewesen sein könnte. Radikale Bedürfnislosigkeit und das strikte Gebot der Nichtverletzung von Lebewesen (ahimsā) – weder mit Worten, Taten noch Gedanken – gehören zu den Forderungen an die Lebensführung dieser Mönchsgemeinschaft. Den aufgeklärten Intellektuellen kam sie durch die These entgegen, daß sich die Gesetze der Welt aus der Materie selber entfalteten und ein Götterglaube daher unnötig sei. Sie unterschied sich jedoch von den Nihilisten dadurch, daß sie die Existenz von Seelen nicht leugnete, vielmehr alles materielle Dasein selbst auf atomarer Ebene als beseelt betrachtete. In wellenförmig aufeinanderfolgenden Phasen der Weltentfaltung

und der Weltrücknahme trägt die Materie ihre Entwicklungs-
gesetze in sich selbst.

Der Jinismus, der sich später in die zwei Richtungen der
Digambaras (Luftbekleidete, Nackte) und Shvetāmbaras
(Weißgekleidete) teilte, hat ein reiches wissenschaftliches
Schrifttum hervorgebracht. Von seinen Laienanhängern forderte er Reinheit und Nichtverletzung von Lebewesen. Sie
konnten daher nicht in der Landwirtschaft arbeiten, wo schon
beim Pflügen, aber auch beim Schneiden des Korns ungezählte
Lebewesen verletzt werden. Er ließ ihnen jedoch im Handel
auf der Basis einer klaren Ethik freie Entfaltung. Noch heute
spielt der Jinismus aufgrund seiner klaren Prinzipien und der
wirtschaftlichen Prosperität seiner Anhänger in Rājasthān und
Gujarāt sowie in Karnātaka eine beachtliche Rolle.

Die Lehre des Buddha (erste Hälfte des 5. Jahrhunderts
v. Chr.) hingegen überließ zwar den Göttern einen auf unter-
geordneter Ebene eingestuften Lebensraum, kam jedoch den
Materialisten dadurch entgegen, daß auch sie die Existenz
einer fortdauernden Seele leugnete. Sie überraschte mit einer
neuen Konzeption des Individuums als Produkt einer raschen
Abfolge zahlloser einzelner Daseinsmomente, die den verfehl-
ten Eindruck eines Selbst (*ātman*) hervorruft, während sich
bei genauerer Analyse zeigt, daß es nirgendwo im Lebendigen
etwas Fortdauerndes gibt. Der Mensch besitzt kein Selbst
(*anātman*). Diese revolutionäre Theorie führte zu einer
kausalen Analyse des Werdeprozesses in zwölf Gliedern – bekannt als „Entstehung in Abhängigkeit" (*pratītya samutpāda*)
– und zur Formulierung der vier „edlen Wahrheiten" von der
Existenz des Leidens, seiner Ursache, seiner Auflösung und
dem aus acht Verhaltensweisen bestehenden Weg, der zu Beseitigung der Ursache des Leidens führt.

Unter den Lehren der Upanishaden waren die Wiederge-
burts- und Karmalehre die einzigen, die von den frühen mo-
nastischen Bewegungen (zum Teil modifiziert) übernommen
wurden. Beide erwiesen sich als tragfähig bis in die Gegenwart.

## II. Die großen monotheistischen Religionen

Monotheistische Religionen sind, historisch gesehen, Spätformen religiösen Denkens auf dem indischen Subkontinent. Sie entwickeln sich aus älteren polytheistischen Vorstellungen, teils durch Verschmelzung verschiedener Gottheiten, deren Machtbereiche sich dann in einer Gottheit vereinen, teils durch die Suche nach einem Urgrund, aus dem die Vielfalt des Seienden, auch der Götter, hervorgegangen ist. Die Entstehung der Idee eines solchen höchsten Gottes allein reicht jedoch noch nicht aus, es muß sich auch eine Gemeinde bilden, die seine Verehrung propagiert, eine Theologie entwickelt und sich gegen andere, ähnliche Versuche durchzusetzen vermag.

Als Spätstufe der Entwicklung findet der Monotheismus in Indien immer schon andere Götter vor. Er kann, wie dies in anderen Teilen der Welt geschah, die vorgefundenen Götter zu Dämonen herabstufen und diese bekämpfen. Er kann aber auch – und dies war in Indien meistens der Fall – die vorhandenen Götter unterordnen, sie als Gehilfen einstufen und sie zum Teil sogar mit den gleichen Aufgaben betrauen, die ihnen im arbeitsteiligen polytheistischen Pantheon ohnehin zukamen. Diese niederen Götter tragen weiterhin ihre alte Bezeichnung „Deva", „Himmlischer". Was sie verlieren, ist ihre Unabhängigkeit, ihre Anfangslosigkeit und ihre Unsterblichkeit. Im Rahmen der Wiedergeburtslehre werden sie zu herausragenden Seelen, die aufgrund ihres erworbenen Karma zentrale Aufgaben im Bereich der kosmischen Ordnung übernehmen können. Eine Pluralität von geistigen Wesen wird also beibehalten. Aber die höchste Gottheit ist nicht *primus inter pares* wie der König der Götter im Polytheismus; sie ist auch nicht die Höchste nur in den Augen des individuellen Gläubigen, weil dieser sich im Augenblick gerade diesem unter allen Göttern in Andacht zuwendet wie im Henotheismus. Sie stellt vielmehr eine völlig andere Kategorie dar. Diese Gottheit allein existiert vor der Welt, vor anderen Göttern, und ist Quelle allen Daseins. Anfangslos und unvergänglich, allwissend und allmächtig, gänzlich unabhängig und in sich selbst ruhend ist nur sie.

Es hat zahlreiche monotheistische Ansätze in Indien gegeben. Auf Dauer durchgesetzt haben sich vor allem der Vishnuismus und der Shivaismus. Aus letzterem ist der Shāktismus hervorgegangen, der sehr alte Wurzeln hat, aber als Theologie die jüngste unter den monotheistischen Religionen Indiens darstellt. Der folgende Versuch, diese Religionen darzustellen, folgt der Reihenfolge ihres historischen Auftretens als erkennbar monotheistische Theologie.

## 1. Der Vishnuismus

Die Religion, die man heute als Vishnuismus bezeichnet, ist wie ein Strom, der das Wasser vieler Nebenflüsse in sich aufgenommen hat. Mehrere monotheistische Bewegungen unterschiedlichen Ursprungs haben sich in ihr vereinigt. Diese haben sich gegenseitig beeinflußt, haben aber auch teilweise ihre Identität bewahrt, so daß sich selbst heute noch unterschiedliche Stränge erkennen lassen. Drei von diesen treten besonders deutlich hervor: 1) Der Kult des vedischen Gottes Vishnu, 2) der Heroenkult des Vāsudeva Krishna und 3) die Verehrung des königlichen Helden Rāma aus dem Epos Rāmāyana.

Den Gott Vishnu kann man am weitesten zurückverfolgen, da er bereits zum vedischen Pantheon gehörte und alle Bücher des Rigveda von ihm zeugen. In der Zeit der Brāhmanas (ca. 9.–6. Jahrhundert v. Chr.) wurde er mit Purusha und Nārāyana identifiziert, und es entwickelte sich eine Theologie, die bereits alle Züge eines Monotheismus trug. Die Theologen dieser Religion gingen aus zwei unterschiedlichen Schulen des Yajurveda hervor: die Pāncarātras gehörten zum weißen, die Vaikhānasas zum schwarzen Yajurveda. Beide Gruppen standen in Kontakt miteinander. Sie unterschieden sich vor allem durch ihre Einstellung zur Welt: Die Pāncarātras sonderten sich als Asketen von der Gesellschaft ab, die Vaikhānasas dagegen legten Wert auf die Einhaltung der sozialen Normen des Dharma – das als Vaikhānasa Dharmasūtra bekannte Gesetzbuch und ein Handbuch der häuslichen Riten stammen aus ihren Reihen – und machten den Kult des Vishnu-Nārāyana hoffähig für Herrscher der Kushānas, Vākātakas und Guptas.

Beide Gruppen beteiligten sich an der Entwicklung von Sāmkhya und Yoga, die damals anscheinend noch außerhalb der orthodoxen vedischen Tradition standen. Das führte dazu, daß sie zusätzlich zum vedischen Purusha auch den Purusha des Sāmkhya und Yoga in ihr System aufnahmen. Mit Vishnu, Nārāyana, dem vedischen Purusha und dem Purusha des Sāmkhya wurden also in der Tradition des Yajurveda vier Gotteskonzepte vereinigt, die allesamt auf einen höchsten transzendenten Gott verwiesen. Zu diesen kam im 4. oder 3. Jahrhundert v. Chr. noch ein fünfter Strang hinzu, der aus der epischen, also bardischen Tradition stammte. Unter den Vrishnis, einem Zweig des Stammes der Yādavas, hatte sich ein Heroenkult entwickelt, in dessen Zentrum Krishna Vāsudeva (= Sohn des Vasudeva) und dessen Bruder Balarāma standen. Die Träger dieses Kultes nannten sich Sātvatas nach der Sippe, zu der Krishna gehörte, oder Bhāgavatas nach der bei ihnen gebräuchlichen Gottesbezeichnung Bhagavān (wörtlich: „Anteile Besitzender" im Sinne von „Gabenreicher") für Vāsudeva Krishna. Auch diese Gruppe befaßte sich mit Yoga und Sāmkhya, legte aber von Anfang an großes Gewicht auf Bhakti, die persönliche, ausschließliche Hinwendung des Gläubigen zur Gottheit. Die Bhagavadgītā ist das einflußreichste Zeugnis der frühen Theologie dieser Gruppe. Sie erhielt ihre endgültige Form jedoch erst, nachdem sich die Bhāgavatas mit den Pāncarātras und Vaikhānasas vereinigt hatten. Als letzte Ergänzung kam im 2. Jahrhundert n. Chr. ein neu aufkommender Kult des alten epischen Helden Rāma hinzu, der nun als Inkarnation des Vishnu aufgefaßt wurde.

Aus dieser Kombination unterschiedlicher, aber in bezug auf die Beziehung des Menschen zu Gott sich ähnelnder monotheistischer Bewegungen ergab sich eine starke und theologisch produktive religiöse Kraft, die als Ganze erst in der Guptazeit als *vaishnava* (vishnuitisch) bezeichnet wurde. Die internen Differenzen blieben aber trotz des Bewußtseins der Zusammengehörigkeit bestehen. Daher ist es nötig, die einzelnen Stränge in ihrer Eigenart und historischen Entwicklung gesondert zu beschreiben.

## a) Vedische Komponenten

Vishnu ist im Veda der Name eines Gottes, der zur Gruppe der Ādityas gehört. Schon früh wurde er als lichthafter, solarer Gott verstanden. Der wichtigste ihm gewidmete Mythos des Rigveda berichtet, daß der sonnenäugige Vishnu die Erde ausgeschritten habe, um Wohnraum zu schaffen. In drei Schritten hat er den Raum durchmessen, hat damit auch den Raum überhaupt erst entstehen lassen, und dies sowohl in horizontaler, als auch in vertikaler Richtung: Seine höchste Fußspur ist im höchsten Himmel, wo das Auge des Himmels (die Sonne) fixiert ist und der Quell des Honigs fließt. Unter seinen Schritten hat die ganze Welt Platz. Er allein hat der dreifachen Welt (Erde, Luftraum und Himmel) Halt gegeben. Er stützt den Himmel, und er ist es auch, der die 4 mal 90 (360) Tage und Nächte wie ein sich drehendes Rad in Bewegung setzt.

Diese Hinweise aus dem Veda zeigen bereits, daß Vishnu eine kosmogonische Rolle spielt und daß er Leben ermöglicht, indem er den Himmel stützt und dadurch den nötigen Raum für Leben schafft. Mit dem Raum schafft er auch Licht, Bewegung und Zeit: Die Sonne, diese mächtige Gestalterin der Zeit in Form von Tag und Nacht, Jahreszeiten und Jahr, ist sein Kopf oder Auge, also ein Teil von ihm.

Daß Vishnu auch ein Zwerg ist, erfährt man zuerst im Yajurveda (Taittirīya Samhitā 2.1.3) und ausführlicher im Shatapatha Brāhmana. Sein Ausschreiten wird als ein Wachsen gedeutet: Der Zwerg ist das Opferfeuer, das beim Erzeugen des Feuers mit Reibhölzern zuerst als winziges Glimmen beginnt, dann aber wächst und zu mächtiger Größe aufflammt. Vishnu wird zum gigantischen Riesen, dessen Füße das Opferfeuer, dessen Kopf (oder Auge) die Sonne darstellen. Die vielfach im Veda formulierte Auffassung, daß Feuer und Sonne zwei Manifestationen der gleichen Gottheit sind, wird hier ausdrücklich bestätigt. Vishnu umgreift sie beide.

Das Opfer (jedes Opfer!) befindet sich im Zentrum der Welt. Sein Rauch und die Opfergaben, die dieser mit sich führt, folgen der Weltachse, die durch den Opferpfosten (an den man das Opfertier bindet und der dem Vishnu geweiht ist) symbolisiert wird, durch den weiten Raum, den der Gott erschafft und durchdringt, bis hinauf zum Himmel, den das Opfer stützt. Und weil Vishnu als erster das Ende des Opfers (den höchsten Himmel) erreicht, erweist er sich als der beste unter den Göttern.

Diese Deutung Vishnus als personifiziertes Opfer, dessen kosmogonische Kraft Himmel und Erde voneinander trennt und Raum für Leben schafft, meint das Opfer in der Gesamtheit seiner rituellen Bezüge. Dazu gehört auch die Opfergabe. Eine solche gibt es außerhalb des Opfers zu Anfang des kosmogonischen Prozesses aber noch nicht. Deshalb bringt das Opfer (Vishnu) sich selber zum Opfer, und zwar in der höchsten Form des Opfers: als Menschenopfer. Er opfert sich selbst (als Purusha = „Mann") in sich selbst (als dem Opfer). Er ist der Urmensch (*purusha*) der berühmten Hymne (Rigveda 10.90), aus dem diese Welt und ihre Geschöpfe entstanden sind. Tausendköpfig, tausendäugig, tausendfüßig ist diese spätvedische Urgestalt des Opfermenschen, aus dem die Welt und alles Lebendige hervorgeht, ebenso wie die beim Opfer benötigten vedischen Verse, Sangesweisen, Metren und Opfersprüche. Aus Haupt und Füßen des Purusha entstehen Himmel und Erde, aus seinem Geist der Mond, aus seinem Auge die Sonne. Aus seinem Mund nehmen Indra, Agni und die Brahmanen Gestalt an, aus seinem Atem der Wind, aus seinem Nabel der Luftraum. Aus seinen Armen entstehen die Fürsten, aus den Schenkeln die Bauern, aus den Füßen die Shūdras.

Für Pāncarātras und Vaikhānasas ist das Opfer also die kosmogonische Kraft, die im Mythos von den drei Schritten und im Purusha-Hymnus am Anfang der belebten Welt steht. Vishnu-Nārāyana ist deutlich eine Gottheit aus dem priesterlichen Milieu, die als Opferer causa efficiens und als Geopferter causa materialis ist. Der Opferprozeß selbst, magisches Zentrum der kreativen, formgebenden Macht und Ursprung des Alls, ist zugleich allgemeines Strukturprinzip der Welt und Quelle ihrer Dynamik.

Die Pāncarātras, die so benannt sind, weil sie in einem Zeitraum von fünf Nächten (*panca-rātram*) das Purusha-Opfer des Nārāyana symbolisch nachvollziehen (Shatapatha Brāhmana 13.6.1–2), haben sich aber – auch hierin nicht orthodox – bereits von der vedischen Opferpraxis distanziert: Sie predigen Ahimsā, „Nichtverletzung" der Lebewesen, und lassen die Opfer wieder frei. Diese frühe Lösung von blutigen Opfern ist charakteristisch für den Vishnuismus, der von Anfang an keine Blutopfer erlaubt.

Die einheimische Tradition deutet den Namen Vishnu als „der Alldurchdringende", „der sich in allem Befindende". Diese Deutung ermöglicht es dem Gläubigen, Vishnu in allen Dingen zu sehen und zu verehren. Sie erinnert zugleich an das Brahman, das ebenfalls in allen Dingen präsent ist. Vishnu übernimmt diese Omnipräsenz des Brahman und gibt ihr eine persönliche Note: Er ist der Zeuge (*sākshin*), der Feldkenner (*kshetrajna*), das geistige Prinzip in den Wesen. Als Feuer, als Sonne und als Bewußtsein ist er ein lichthafter Gott. Zugleich aber wird er auch Nārāyana genannt, und dieser Name hat mit einem anderen Detail seines vedischen Mythos zu tun.

Der Rigveda hatte den höchsten Schritt des Vishnu mit einer Stelle am Himmelsgewölbe verbunden, wo Honig (*madhu*) oder Süßwasser aus dem Himmelsgewölbe hervorquillt und wo die verstorbenen Väter sich an dieser Flüssigkeit laben. Damit wird eine Verbindung des Vishnu sowohl zur Totenwelt als auch zu den kosmischen Wassern hergestellt. Dem liegt die Vorstellung zugrunde, daß das Himmelsgewölbe außen von Süßwasser umspült ist. Dieses dringt an einer Stelle in den Himmel ein und kommt später als Regen zur Erde. Spätere Fassungen des Mythos berichten, daß Vishnu beim Ausschreiten mit dem großen Zeh so heftig an das Himmelsgewölbe stieß, daß er dieses durchbrach. Das so entstandene Loch wurde zur Quelle, aus der außerweltliches Süßwasser in den Himmel strömt. Es fließt als himmlischer Fluß (die Milchstraße) über den ganzen Himmel, und in ihm schwimmen zahllose Sterne. Dieser Fluß kommt schließlich vom Himmel herab auf den Berg Meru im Zentrum der Erde, teilt sich dort in vier Ströme und bewässert die vier Erdteile. Der Ganges ist einer von ihnen, und die Toten, die man an seinem Ufer verbrennt und deren Asche seinem Wasser anvertraut wird, gelangen gereinigt ins Reich der Verstorbenen.

Die ebenfalls späteren Weltuntergangs-Mythen wissen ferner von der Endzeit zu berichten, wenn der Dharma nicht mehr befolgt wird, die Kasten sich vermischen und das göttliche Wissen verloren geht. Dann werden die sieben Unterwelten, die Erde, der Luftraum, der Himmel des Götterkönigs Indra und die darüber liegende Himmelswelt (*mahar-loka*) in einer kosmischen Katastrophe verbrannt, ein gewaltiger Sturm zerstreut ihre Asche, und eine uferlose Wasserflut deckt alles zu, woraufhin Vishnu-Nārāyana auf der Weltenschlange Shesha (dem „Rest") inmitten dieses Ozeans liegend in kosmischen Schlaf sinkt. Erst wenn er wieder erwacht, wird eine neue Schöpfung einsetzen. Der Mythos zeigt, daß Vishnu-Nārāyana eine ambivalente Gottheit ist, die sowohl eine Beziehung zu Licht und Leben als auch eine zur jenseitigen Welt, zu Wasser und zu Tod besitzt.

*Manifestation und Inkarnation.* – Vaikhānasas und Pāncarātras sind natürlich in die allgemeine Entwicklung des spätvedischen Denkens eingebunden, in dem sich das zyklische Weltbild, die Idee der Wiedergeburt und die Suche nach Erlösung ausbildet. In diesem Kontext entsteht zwischen 400 und 100 v. Chr. auch die Vorstellung eines zyklischen Ablaufs der Geschichte und übernimmt dabei die Lehre von den vier Weltaltern, die aus dem Vorderen Orient stammt, schon bei Sumerern und Babyloniern bezeugt war und über Persien nach Indien gelangte. Vom Krita-yuga, in dem der Dharma noch unverfälscht alle Ordnung bestimmt, führt allmähliche Degeneration über Treta- und Dvāpara-yuga zum Kali-yuga, dem gegenwärtigen, weitgehend korrupten Zeitalter, in dem die

Welt einer reinigenden Vernichtung und schließlich ihrer Neu-schöpfung entgegengeht. Daß man an einem Tiefpunkt der Geschichte angekommen sei, war aus brahmānischer Perspektive keine Frage: Seit dem 4. Jahrhundert v. Chr. herrschten in großen Teilen Nordindiens Fürsten, deren Legitimität fraglich war, die nicht dem Stand der Kshatriyas angehörten und deren Sympathie den Jainas, Buddhisten und Nihilisten galt, während die Brahmanen darben mußten. Und dies Bild wurde noch düsterer, als sich Skythen, Parther, Griechen und Kushā-nas im Westen Nordindiens als Herrscher etablierten.

Für die Theologen eines vishnuitischen Monotheismus muß-te eine solche Verfallslehre ein Problem bedeuten. Wie kann ein Gott zusehen, wie seine Welt dem Verderben entgegengeht? Sie antworteten mit der Lehre von den Manifestationen (*prā-durbhāva*) oder Herabkünften (*avatāra*) Gottes, einer Inkarnationslehre, die ein göttliches Eingreifen zur Rettung der moralischen Ordnung vorsieht.

Die theologische Basis einer solchen Gottesvorstellung ist bereits aus der mythischen Grundkonzeption des Opfers der Yajurvedins ableitbar, nämlich aus der *gleichzeitigen* Präsenz der Gottheit im Himmel und auf der Erde: Sonne und Feuer leuchten gleichzeitig und scheinbar voneinander unabhängig am Himmel und auf dem Opferaltar oder im häuslichen Herd. Die Idee der Manifestation (*prādurbhāva*) Gottes auf der Erde oder seiner Herabkunft (*avatāra*) auf die Erde läßt sich an diesem Beispiel verdeutlichen. Sie ist in der indischen Tradition primär mit Vishnu-Nārāyana verbunden und sieht bedeutende Philosophen, Seher, Helden als Inkarnationen oder Teilinkarnationen dieser Gottheit an.

Der Glaube an Avatāras führte bald zu einer Flut von Kandidaten für diesen Titel. Um diese einzudämmen, wurde in der Guptazeit eine Liste von zehn Inkarnationen erstellt, die kanonische Gültigkeit beanspruchte, aber keineswegs überall respektiert wurde. Das im Süden Indiens entstandene Bhāgavata Purāna z. B. zählt noch im 9. oder 10. Jahrhundert 24 Avatāras auf.

Die kanonische Liste der zehn Avatāras umfaßt solche von tierischer, halb menschlicher und menschlicher Gestalt, und zwar in chronologischer Folge. Es sind dies 1) der Fisch (*matsya*), der zur Zeit der letzten Weltvernichtungsflut König Manu beauftragte, ein Boot zu bauen, um darin alle Spezies von Lebewesen einschließlich der Pflanzen zu retten, und der dieses dann durch die Fluten zog und rettete; 2) die Schildkröte (*kūrma*), die es Göttern und Dämonen ermöglichte, gemeinsam aus dem Milchmeer den Unsterblichkeitstrank und andere verborgene Schätze herauszuquirlen. Sie bildete die feste Unterlage für den mit der Spitze nach unten gerichteten Berg Mandara, der als Quirl diente und der sonst im Schlamm versunken wäre; 3) der Eber (*varāha*), der in die Tiefe des Ozeans hinabtauchte, um den Dämon Hiranyāksha zu besiegen und die Erde wieder hochzuheben, die jener in sein Reich hinabgezogen hatte; 4) der Mannlöwe (*narasimha*), der den gottlosen Dämon Hiranyakashipu vernichtete und dessen gläubigen Sohn Prahlāda errettete; 5) der Zwerg (*vāmana*), der sich mit drei Schritten in den Besitz der Welt setzte und diese den Göttern zurückgab; 6) Rāma-mit-der-Axt (*parashurāma*), der die Erde von der selbstsüchtigen und ungerechten Herrschaft der Kriegerkaste befreite und sie den Brahmanen übergab; 7) Rāma, Sohn des Dasharatha, der Heros des Epos Rāmāyana, der den zehn-köpfigen Dämon Rāvana überwand und auf der Erde wieder gerechte Herrschaft einführte; 8) Balarāma (= Samkarshana), der ältere Bruder Krishnas, der diesem half, den Dämon Kamsa zu besiegen; 9) Krishna, der sich selber als universale Gottheit offenbarte und eine neue Religion der Bhakti und des selbstlosen verantwortlichen Handelns in der Welt einführte; oder, wenn die Avatāra-Rolle für Krishna zu gering schien, der Buddha, der den Dämonen eine falsche Lehre predigte und sie dadurch dermaßen schwächte, daß sie von der Erde wieder verdrängt werden konnten; 10) Kalki, der apokalyptische Reiter, der noch kommen wird, um das verdorbene Zeitalter des Kali (*kaliyuga*) zu vernichten und ein neues, reines Zeitalter einzuleiten.

Die weitere Entwicklung des theologischen Systems der Pāncarātras und Vaikhānasas erforderte allerdings auch noch eine andere Form der Vermittlung zwischen der transzendenten

Gottheit und der Welt. Diese wird in der Lehre von den Vyū-has („Entfaltungen", „Separierungen") geleistet, mittels derer sich das Eine zur Vielheit, die Gottheit zur Welt transformiert. Dabei ergeben sich fünf Formen der Existenz Gottes: 1) Die höchste (*para*), nämlich Vāsudeva = Vishnu = Nārāyana, der alles beherrschende, alle Gaben schenkende, alle Wirkungen verursachende, stets gnädige und mitleidige Gott, dessen Leib aus allem Existierenden besteht, der aber von den Unvollkom-menheiten der Welt nicht berührt wird und der im Paradies Vaikuntha wohnt; 2) dessen weltschöpferische „Entfaltungen" (*vyūha*) Samkarshana, Pradyumna und Aniruddha, die in In-teraktion mit der Urnatur des Sāmkhya (*pradhāna, prakriti*) treten und deren Evolution zur materiellen Welt mit allen We-sen bewirken; 3) die als Avatāras in die Geschichte eingreifen-den Inkarnationen; 4) der innere Lenker (*antaryāmin*), eine Kontrollinstanz, die in jedem Individuum als Urteilskraft und Gewissen wirksam ist; und 5) die Verehrungs-Manifestationen (*arcāvatāra*), in denen sich die Gottheit den Gläubigen im be-lebten Götterbild zeigt.

*Verehrungsformen.* – Die Verehrung und die Theologie artiku-lierten sich bei Vaikhānasas und Pāncarātras zuerst vor allem durch das Preislied (*stuti*), welches das Wesen und die Taten Gottes zu erkennen und zu beschreiben sucht. Dem Gläubigen wurde ferner das meditative Gebet empfohlen, das im leisen Murmeln der Namen Gottes besteht. Dieser wiederholte Um-gang mit den Namen gilt bis heute in sich schon als heilswirk-sam. Noch besser ist es, wenn man sich bei jedem Namen die dazugehörigen Taten und Funktionen des Gottes vergegenwär-tigt. Das gleiche gilt für den Umgang mit Götterbildern, bei denen man sich die Bedeutung eines jeden dargestellten Schmucks oder Attributs in den Händen der Gottheit verge-genwärtigen soll, wobei jedoch die wichtige Komponente des Dienstes (*sevā*) hinzutritt.

Götterbilder gab es in Indien spätestens seit dem 5. Jahr-hundert v. Chr. in Kreisen der außervedischen Volksreligion. Sie waren aber aus vergänglichen Materialien (Ton oder

Holz) hergestellt und sind uns daher nur aus literarischen Quellen bekannt. Für den Kult bestimmte Steinskulpturen von Gottheiten begann man erst im 2. Jahrhundert v. Chr. zu fertigen, und erst im 2. Jahrhundert n. Chr. können wir den Gott Vishnu-Nārāyana eindeutig identifizieren. Er ist vier-armig und hält gewöhnlich in der oberen rechten Hand einen sechs- oder zwölf-speichigen Diskus (*cakra*), der seinen sola-ren Charakter zeigt und die alles vernichtende Waffe Zeit symbolisiert, die durch das kreisende Jahr mit seinen sechs Jahreszeiten oder zwölf Monaten repräsentiert wird. Die Komponente „Raum" (*ākāsha*) in Vishnus Wesen wird durch das zweite wichtige Attribut dieses Gottes symbolisiert, die Schneckentrompete (*shankha*), die er in seiner oberen linken Hand hält. Der Raum nämlich ist nach altindischer Lehre Ursprung und Träger des Tons. Die Schneckentrompete hat einen weithin hörbaren Klang und war als Sieg verheißendes, den eigenen Mannen Mut, den Feinden Furcht einflößendes Instrument der Krieger in Gebrauch. Das Symbol zeigt daher Vishnu als sieghaften Herrscher, deutet aber für die Theolo-gen zugleich jenen Ton an, der am Anfang der Schöpfung steht und diese in Gestalt des Wortes bereits vorwegnimmt: den Veda als Gesamtheit oder seine Essenz in der mystischen Silbe Om. Vishnu erschafft, durchdringt und beherrscht den Raum. Die beiden unteren Hände halten einen Lotus (*padma*) als Symbol der Weltentstehung und eine Keule (*gadā*) als Symbol der Weltvernichtung. Auf diese Weise ist Vishnu ge-kennzeichnet als die *eine* große Gottheit, welche die Welt hervorbringt, ihr Licht und die geordnete Bewegung der Ge-stirne sowie Raum und die soziale und geistige Orientierung des Veda gibt und diese Welt in ihrer Vordergründigkeit auch wieder zerstört: endgültig für die Wissenden, welche die Gott-heit erkannt haben und in sie zurückkehren, vorübergehend für die Unwissenden, die in einer erneuerten Welt weiterleben. In der Kushanazeit, aus der die frühesten erhaltenen Skulp-turen stammen, ist dieser Gott bereits mit Krishna-Vāsudeva identifiziert.

*Entwicklungen seit der Guptazeit.* – Einen ersten Höhepunkt erreichte die Verehrung des Vishnu-Nārāyana (der neben Krishna nun auch mit Rāma identifiziert ist) in der frühen Guptazeit (4.–5. Jahrhundert), als sich die Herrscher dieser und anderer Dynastien der Verehrung des Vishnu und seiner Inkarnationen zuwandten, insbesondere seinen sieghaften, die Götterfeinde vernichtenden Inkarnationen als Eber und als Mannlöwe. (Der Gott hat Löwenhaupt und Vorderpranken, aber Menschenleib.) Vishnu selbst wurde nun als König verehrt. Der Übergang vom Priestergott zum göttlichen Herrscher ist die entscheidende Veränderung der späten Kushāna- und frühen Guptazeit. Sie resultiert aus der Verbindung des priesterlich-asketischen Kults der Pāncarātras mit der eher fürstlich-asketischen Bewegung der Bhāgavatas und der Verehrung König Rāmas. In der Guptazeit galten bereits beide als Avatāras des Vishnu. Und es ist sicher in hohem Maße der königlichen Protektion des Vishnukultes zu verdanken, daß sich als gemeinsame Bezeichnung für Vaikhānasas, Pāncarātras, Bhāgavatas und andere, kleinere Gruppen nun der Name „Vaishnava" = Vishnuiten durchsetzte. Die Gemeinsamkeit dieser Gruppen ging aber nicht so weit, daß sie ihre Eigenständigkeit und ihre je unterschiedliche Gottesbeziehung zugunsten einer einheitlichen Lehre aufgegeben hätten. Sie entwikkelten je eine eigene Literatur und gingen auch theologisch unterschiedliche Wege.

Die Pāncarātras entfalteten zwischen 600 und 800 n. Chr. in Südindien eine reiche literarische Tätigkeit in Sanskrit. Es entstanden nach offizieller Zählung 108, *de facto* jedoch noch weit mehr z. T. umfangreiche Texte, die als *pāncarātra-samhitās* bezeichnet werden und den Status von Offenbarungsschriften beanspruchen. Parallel dazu wurden in der Schule der Vaikhānasas eigene Offenbarungsschriften, die *vaikhānasa-āgamas* tradiert. Beide Textgruppen enthalten ausführliche Abhandlungen über Kosmologie, Anthropologie, Metaphysik und Gotteslehre. Sie bieten genaue Anweisungen zur rituellen Praxis, geben Vorschriften für den Bau von Tempeln und die Herstellung von Götterbildern und bestimmen vor allem detailliert die Pflichten und Normen rechten Verhaltens im ethischen, religiösen und sozialen Bereich. Eindeutig steht in diesen Texten die Verehrung Gottes *im Tempel* im Vordergrund. Das geweihte Götterbild ist Gottes eigene, lebendige Gestalt (*svarūpa*). Da der Gott also im Tempel persönlich, dauernd und vollständig anwesend ist, kann der Tempel selbst als Wohnort Vishnus, als sein Paradies Vaikuntha verstanden werden. Hier ist jeder Zoll im Tempelbezirk und jeder Dienst, den man leistet, heilsträchtig.

Vishnu-Nārāyana ist ein Herrscher, und sein Tempel ist ein Palast. Daher wird unter den Avatāras vor allem dem königlichen Rāma Verehrung entgegengebracht, dem Wahrheit, Pflichterfüllung, dharma-gemäßes Verhalten wichtig sind. Der ländliche, schalkhafte, unberechenbare Krishna tritt weit weniger hervor und dann möglichst als noch harmloses Kleinkind.

In Südindien entstand unabhängig von den eben genannten dogmatischen Schriften zwischen dem 6. und 9. Jahrhundert auch eine Devotionalliteratur in der Volkssprache Tamil, die der Gottesliebe (*bhakti*) überaus reichen Ausdruck verleiht. Als Autoren dieser Texte, die rund 4000 Lieder umfassen, gelten 12 vishnuitische Mystiker, Ālvārs genannt, die sich in diesen Dichtungen in bedingungsloser Liebe ihrem Gott zuwenden – und das ist Vishnu-Nārāyana, wie er sich ihnen im Götterbild des gerade besuchten Tempels offenbart. Auch die Avatāras Krishna (als Kind) und Rāma (als König) werden in diese Welle der Bhakti einbezogen. Die Beziehung zwischen Mensch und Gottheit wird emotional und intim, sie durchläuft alle Stadien der Zuwendung und Fürsorge, variiert zwischen dem Verhältnis des Knechts zum Herrn, der Liebenden zum Geliebten, der Mutter zum Kind. Demut und Dienst münden in beglückende Erfahrung des Angenommenseins, ekstatische Zustände wechseln mit der Verzweiflung momentaner Gottferne und Verlassenheit, die dann wieder umschlägt in Geborgenheit und Fülle des Glücks. Zur Gottheit zu gelangen, ihre Nähe zu spüren, sie anzuschauen und zu preisen: Das ist das Ziel der Erlösung, wie es aus diesen Texten spricht.

*Rāmānuja und seine Erben.* – Die Literatur der Gläubigen Bhaktas wurde im 10. Jahrhundert gesammelt und ging ebenfalls ein in die vishnuitische Theologie, wie sie nun von Rāmānuja (ca. 1050–1137) als Synthese aus vier Quellen zusammengefaßt wurde: dem Vedānta der Upanishaden und Brahmasūtras, den Lehren der Bhagavadgītā, den vereinten Traditionen der Vaikhānasas und des Pāncarātra sowie der Bhakti-Religiosität der Ālvārs. Man bezeichnet die von ihm und seinen Vorgängern Nāthamuni und Yāmuna gestaltete Lehre als „Shrī-Vishnuismus", weil in ihr die Göttin Shrī, die Gemahlin Vishnus, eine überragende Rolle bei der Erlösung spielt. Shrī-Lakṣmī nämlich, die als Essenz der Gnade Gottes gilt, ist die Mittlerin zwischen dem sündigen Menschen und Gott, sie ist es, die seine Sünden tilgt und ihn hinführt in die Gegenwart des Herrn.

Rāmānuja sah das Brahman der Upanishaden als Person und als identisch mit Purushottama = Vishnu, dem höchsten Wesen. Dessen Körper besteht aus dem Bewußten (*cit* = die Gesamtheit der Seelen) und dem Unbewußten (*acit* = alle Formen von Materie) in feinstofflichem Zustand. So wie Körper und Seele voneinander verschieden sind und doch eine Einheit bilden, so sind Gott, die Seelen und das Unbewußte voneinander verschieden und bilden dennoch eine Einheit. Seine Lehre wird daher als „Einheit des Verschiedenen" (*vishishtādvaita*) bezeichnet. Gott (das personhafte Brahman) ist lenkend und erkennend in der Welt und allen ihren belebten Teilen anwesend wie die Seele im Körper. Seine Gegenwart ist eine tätige, aber auch eine wissende und liebende. Er ist ein Freund in unserem Herzen, der größer ist als wir.

Die Lehre vom Karma, wonach unsere Taten eine substantielle Veränderung in der Seele auslösen, hielt Rāmānuja nicht für richtig. Er meinte vielmehr, daß die Früchte unserer Taten davon abhingen, ob sie dem Höchsten Wesen gefallen oder mißfallen. Denn der Herr habe bestimmt, welche Taten förderlich sind und welche nicht. Er habe den Wesen Körper gegeben, damit sie handeln können, habe ihnen aber auch Schriften offenbart, die den Dharma lehren, so daß sie wissen können, was gut ist und was nicht. Er sei auch selbst als innerer Kontrolleur (*antaryāmin*) in ihnen vorhanden, um Zustimmung (*anumati*) zu geben oder abzulehnen.

Das Gewissen gilt also als Stimme Gottes. Dessen Gnade ist nicht an die Qualität des Karma eines Lebewesens gebunden. Er kann es tilgen, wenn es ihm so gefällt, und in seiner Gerechtigkeit berücksichtigt er auch die Absicht und die Bemühung.

Etwa 170 Jahre später gab es ein Schisma unter Rāmānujas Erben, das bis heute besteht. Der Streit ging um ein theologisches Problem: Kann der Mensch, der die Erlösung zu erlangen sucht, selber etwas dazu beitragen, oder ist es Gott allein, der Erlösung bewirkt? Die Antwort ist nicht so einfach, wie es zunächst scheint. Gibt man nämlich zu, daß der Mensch selbst etwas leisten muß, um Erlösung zu erlangen, so berührt das die absolute Freiheit Gottes, zu erlösen, wen er will und wann er will, in welchem Zustand auch immer. Dem didaktisch sinnvollen Gebot, selbst eine Anstrengung zu machen, stand das dogmatisch unerläßliche Postulat der uneingeschränkten Freiheit Gottes gegenüber, ohne die es keine Allmächtigkeit geben könne. Es bildeten sich zwei Lager, und ihre Lehre wurde in einfache, aber eindrucksvolle Bilder gefaßt. Die eine Gruppe vertrat den Affenweg, die andere den Katzenweg. Bei den Affen klammert sich das Affenkind an der Mutter fest, wenn diese es aus einer Gefahr forttragen will. Es beteiligt sich selbst nach Kräften an seiner Rettung. Bei den Katzen ist das Kind zunächst blind und völlig hilflos. Es überläßt sich voller Vertrauen der Fürsorge der Mutter. Falls Gefahr droht, nimmt diese es ins Maul und trägt es fort. So hilflos ist im Grunde auch der Mensch. Nur wenn Gott es so will, findet er Erlösung.

*Madhva.* – Im 13. Jahrhundert bildete sich eine weitere vishnuitische Konfession, als Madhva (1199 – ca. 1278), ein Brahmane aus Udipi im südlichen Karnātaka, eine dualistische Auslegung des Vedānta vorlegte. Für Madhva ist es klar, daß Vishnu der einzige Hochgott ist. Er ist Person, allgegenwärtig, mit höchsten Vollkommenheiten ausgestattet, von denen sich der Mensch keine zureichende Vorstellung machen kann. Er hat Eigenschaften, aber diese sind zugleich sein Wesen, so wie die Sonne Licht *ist* und zugleich Licht *hat* und ausstrahlt. Sein, Bewußtsein und Wonne bilden seinen Leib. Weil sich alle Aussagen des Veda letztlich auf ihn beziehen, kann man sein Wesen wenigstens zum Teil erkennen. Er ist Schöpfer, Erhalter und Zerstörer der Welt.

Madhva erteilt dem Illusionismus (*māyāvāda*) Shankaras eine klare Absage: Die Welt ist nicht bloßer Schein, sondern real. Aber auch die Identität der Seele mit Brahman, also Shankaras Advaita-Lehre, ist ein Irrtum, ebenso wie die Behauptung, daß die Seele in der Erlösung mit Brahman verschmelze. Die Erlösung bewirkt vielmehr, daß die Seele in die Gegenwart Gottes gelangt und in seiner Anschauung unendliches Glück empfindet. Mit Gott verschmelzen, in Gott eingehen kann das erwünschte Ziel nicht sein: Man möchte ja auch nicht Zucker werden, sondern Zucker schmecken!

Für die Verehrung Gottes spielen der Umgang mit dem rituell geweihten Gottesbild und die meditative Versenkung in Gott eine entscheidende Rolle, ebenso wie Bhakti, die mit Ehrfurcht erfüllte, nach visionärer Gotteserfahrung strebende, zutiefst liebevolle Zuneigung zu Vishnu, der mit Krishna identisch ist. Damit ordnet sich Madhva auch in die Bhāgavata-Tradition ein, von der gleich noch die Rede sein soll. Die Konfession der Mādhvas existiert noch heute vor allem in Südindien in der Region Karnātaka.

### b) Vāsudeva Krishna und die Bhāgavatas

Spätestens gegen Ende des 5. Jahrhunderts v. Chr. gibt es in Nordindien eine religiöse Bewegung, welche Vāsudeva Krishna als Gottheit verehrt (Pānini 4.3.98). Er ist keine vedische Gottheit, sondern eine Volksgottheit, ein vergöttlichter Heros, bekannt aus dem Epos Mahābhārata als Held aus dem Stamm der Yādavas, aus dem Klan der Vrishnis und der Sippe der Sātvatas. In den älteren Teilen des Epos ist er der Freund und

Wagenlenker des Helden Arjuna, in jüngeren Teilen ist er eine menschliche Manifestation der höchsten Gottheit. Eine enge Verbindung dieses Helden mit Balarāma alias Samkarshana (im Epos der Bruder des Krishna) ist seit dem Ende des 4. Jahrhunderts v. Chr. durch den Griechen Megasthenes bezeugt (Arrian, Indische Geschichte 8.4, München 1985) und im 2. Jahrhundert durch eine Münzprägung belegt. Ebenfalls im 2. Jahrhundert v. Chr. zeigt eine Säuleninschrift in Besnagar, daß Krishna bereits mit Vishnu identifiziert ist. Im 1. Jahrhundert v. Chr. läßt die Ghoshūndī-Inschrift aus Rājasthān erkennen, daß zu dieser Zeit eine feste Verbindung des Vāsudeva-Kultes mit dem Pāncaṛātra besteht.

Beim Kult des Krishna handelt es sich um eine Synthese, die zunächst die regionalen Heroenkulte des Vāsudeva Krishna und des Nāga Samkarshana zusammenführte und dann mit der asketisch-brahmanischen Tradition des Nārāyana-Kultes verband. Ihre einflußreichste, allerdings noch nicht sehr systematische Artikulation fand diese Bewegung in der Bhagavadgītā (3.–2. Jahrhundert v. Chr., einige spätere Zusätze), die in das Epos Mahābhārata eingefügt wurde und bald so großes Gewicht bekam, daß man sie auf eine Stufe mit den Upanishaden stellte. Sie gehört nicht zur vedischen Shruti, enthält aber die Selbstoffenbarung Krishnas als höchster Gottheit. Sie postuliert die Inkarnation dieses höchsten Gottes als Mensch auf Erden und plaziert dies Geschehen in die zentrale, allen bekannte Geschichte des großen Krieges der Bhāratas. Vor allem bietet sie eine neue Orientierung, die sowohl dem Materialismus und Nihilismus als auch der asketischen und mönchischen Weltflucht eine Absage erteilt und die Menschen statt dessen zum pflichtbewußten Handeln in der Welt aufruft. Die gefürchteten Folgen des Tuns, die den Menschen durch gutes oder schlechtes Karma in den Kreislauf der Geburten binden, treten nach der Bhagavadgītā nicht auf, wenn man selbstlos handelt, ausschließlich seiner Pflicht folgt und die Früchte des Tuns der Gottheit überläßt, die ohnehin letztlich der einzig Handelnde in allen Wesen ist. Die richtige Einstellung wird als Yoga in doppeltem Sinne bezeichnet: vollständige Selbstbeherrschung und vollständige Bindung an Krishna.

Daß der Mensch Krishna nach diesem Text wirklich höchster Gott ist, unterliegt keinem Zweifel. Alles, einschließlich aller anderen Götter, besteht nur durch ihn und kann auch nur durch ihn handeln. Daher ist es auch Krishna allein, der die Wünsche erfüllt, welche an andere Götter gerichtet werden (Gītā 9.23). Sie alle sind nur Handlanger. Wer aber jenen Göttern opfert, ohne deren Abhängigkeit von Krishna zu kennen, der kann in der Hierarchie des Lebendigen höchstens die Ebene jener Götter erreichen. Nur wer Krishna selbst verehrt, gelangt (nach dem Tod) zu ihm (Gītā 7.23). Ursprung und Ziel der Seelenwanderung sind hier neu und eindeutig bestimmt: Krishna allein ist Ursprung und Ziel.

Und doch ist Krishna auch Mensch. Das Eintreten Gottes in die Geschichte dient einem Zweck, nämlich der Wiederherstellung des Dharma, d.h. der religiös begründeten moralischen und sozialen Ordnung, die durch soziale und religiöse Umbrüche gefährdet ist. Die eigentlichen Gegner dieser Ordnung sind die Nihilisten, Atheisten und Leugner eines göttlichen Selbst im Menschen, die auch die Kastenordnung zu sprengen bereit sind: Es sind die Materialisten, Jainas und Buddhisten. Ihnen tritt nun ein neuer Monotheismus entgegen, der den einen Gott nach der Welterschaffung auch für die Welterhaltung und Weltvernichtung zuständig sieht.

Es ist sicher, daß die Bhāgavatas zur Zeit der Entstehung des Textstücks über die Selbstoffenbarung Krishnas als Allgott bereits in engen Kontakt mit den Pāncarātrins getreten waren. Die Vision verrät deutlich vedische Wurzeln und paßt zu den priesterlichen Traditionen der Pāncarātrins. Auch daß Arjuna diesen Allgott Vishnu nennt (Gītā 11.24), bestätigt dies. Der Anblick der Gottheit ist aber so überwältigend, daß Arjuna sie anfleht, wieder die vertraute menschliche, wenn auch *vierarmige* Gestalt als freundlicher Gott anzunehmen (Gītā 11.9–51). Die Stelle ist wahrscheinlich erst im 2. Jahrhundert n. Chr. in die Bhagavadgītā eingefügt worden, denn vor dieser Zeit sind vierarmige Darstellungen des Vāsudeva Krishna oder des Vishnu noch nicht bekannt.

Den Bhāgavatas ist neben der Bhagavadgītā auch der Harivamsha (ca. Ende 1.–3. Jahrhundert n.Chr.) zu verdanken, der Krishnas historischen Stammbaum und seine Lebensgeschichte enthält. Daß diese im Epos Mahābhārata nicht vorkommen, wurde zu dieser Zeit schon als Manko gesehen, dem man abhelfen mußte: Der Harivamsha, „Stammbaum des Hari = Krishna" gilt folglich als ein Nachtrag zum Epos, den dessen Autor Vyāsa selber verfaßt haben soll. Das Thema wird im Vishnupurāna (2.–4. Jahrhundert) weiter ausgebaut und in den Rahmen einer umfassenden Kosmogonie und Kosmologie gestellt; und schließlich erhält es seine endgültige Form im Bhāgavata Purāna (ca. 10. Jahrhundert), dem unbestrittenen Höhepunkt der krishnaitischen Sanskrit-Literatur, das bis heute *die* heilige Schrift aller Krishna-Verehrer geblieben ist.

Nach diesen Texten ist Krishna ein Sohn des Vāsudeva, des entmachteten und gefangengehaltenen rechtmäßigen Königs von Mathurā, geboren in einem streng bewachten Gemach des Palastes, auf wunderbare Weise gerettet vor dem mörderischen Zugriff des dämonischen Usurpators Kamsa, und aufgewachsen zusammen mit seinem älteren Bruder Balarāma unter Hirten in Gokula und Vrindāvana am Ufer des Flusses Yamunā. Die Wundertaten und Scherze seiner Kindheit und Jugend, sein Charme, sein Flötenspiel, seine Liebesspiele und die Erfüllung seiner Mission, den Dämonen Kamsa zu töten, bilden das emotionale und symbolische Zentrum der ihm gewidmeten heiligen Schriften.

War der Krishna der Bhagavadgītā noch eine übermächtige Lehrergestalt, bei dessen Selbstoffenbarung als Gottheit sein Freund Arjuna, unfähig, die Vision zu ertragen, zusammenbricht, so tritt im Harivamsha bereits ein verändertes Gotteskonzept auf. Denn die Liebe, die der jugendliche Krishna weckt, das Glück, das er ausstrahlt und auf seine Umgebung überträgt, werden zum Ausgangspunkt für eine gänzlich neue Theologie und eine andere Beziehung zwischen Gottheit und Mensch. Neben das Wissen von Gott tritt mit Macht die Liebe zu Gott und die menschliche Erfüllung in dieser Liebe. Auch das Verhältnis Gottes zur Welt wird neu konzipiert. Die Welt erscheint als ein kreatives Spiel Gottes, ein Spiel, dessen Regeln nicht von vorneherein und unabänderlich feststehen. Die Gottheit selbst jedenfalls ist an keine Regel gebunden. In grenzenloser Freiheit, aber auch in grenzenlos liebevoller Zuwendung vermag sie dem Spiel immer neue Richtungen zu geben.

Der Krishnakult bewahrte gegenüber dem Kult der großen Vishnutempel stets eine gewisse Eigenständigkeit. Er wirkte dafür stärker in Tanz und Gesang, in der Erzählung von Mythen und Legenden und im häuslichen Ritual. Mit dem Bhāgavata Purāna gewinnt er eine überaus wirksame heilige Schrift, die Rāmānuja noch nicht wahrgenommen hat, die gegen Ende des 11. Jahrhunderts aber schon weithin Anerkennung fand. Madhva nimmt die Verehrung des jugendlichen Krishna auf, und gegen Ende des 12. Jahrhunderts tritt der Krishnakult auch wieder als eigenständige religiöse Bewegung hervor, die ausschließlich auf die Verehrung von Krishna oder das Paar Krishna und Rādhā gerichtet ist (Nimbārka, Jayadeva). Diese Linie wurde von Caitanya (1486–1533) weiterentwickelt, während gleichzeitig Vallabha (1478–1530) die Verehrung Krishnas als Kind (*bālakrishna*) in den Vordergrund stellt. Beide suchen nach dem längst vergessenen Ort Vrindāvan am Ufer der Yamunā, wo Krishna seine Jugend verbrachte, und machen es zum Zentrum der nordindischen Krishnabhakti. Caitanyas Bewegung breitet sich in Bengalen, Orissa, Bihar und Uttar Pradesh aus, während Vallabhas Schule sich von Uttar Pradesh nach Rājasthān und Gujarāt ausweitet. Beide Glaubensrichtungen leiten sich von der Schule des Madhva ab, aber im Unterschied zu Madhva ist bei beiden Krishna (oder Rādhā-Krishna) uneingeschränkt höchste Gottheit. Vishnu-Nārāyana tritt deutlich in den Hintergrund. Auch ist jetzt Krishnas ewige, transzendente Wohnstätte Goloka („Kuhwelt"), in die auch die erlösten Seelen gelangen, die höchste aller Welten. Sie ist nicht identisch mit Vishnus ewiger Wohnstätte Vaikuntha. Selbst in der Transzendenz bleibt also noch eine Differenz zwischen der Tradition der Bhāgavatas und der Pāncarātras, zwischen Krishna und Vishnu erhalten.

Obwohl sich die Verehrer Krishnas weiterhin als Vaishnava = Vishnuiten bezeichnen, hat sich die alte monotheistische Bewegung der Krishnaverehrung tatsächlich weitgehend dem Sog der Vishnu-Religion entzogen. In Nordindien ist die Verehrung Krishnas zur dominanten Religion geworden.

## c) Die Rāmabhakti

Gegen Ende des 2. Jahrhunderts n. Chr. wurde das Epos Rāmāyana, die dem Dichter Vālmīki zugeschriebene Sage vom Leben des Helden Rāma, um zwei Bücher ergänzt: das erste und das letzte. Es war eine Zeit, in der sich die Kushān-Herrscher in Nordwestindien als „Oberkönig der Großkönige" (*mahārājātirāja*) und als „Sohn Gottes" bezeichneten. Bei den griechischen Fürsten am oberen Indus war auch der Titel „Erlöser" (*sotèr*) beliebt. Da lag es nahe, sich auch der göttlichen Herkunft des königlichen Helden Rāma bewußt zu werden. Durch die Schilderung seiner übernatürlichen Geburt am Anfang und die Hinzufügung eines neuen Schlußkapitels wurde Rāma zum Avatāra Vishnus.

Das Epos hatte aufgrund seiner sprachlichen Schönheit und der Tiefe der darin geschilderten Emotionen eine große Breitenwirkung. Rāma wurde zum Ideal des Königtums, mit Leitsätzen wie Treue, Gerechtigkeit, Unbesiegbarkeit und Vorbild für die Untertanen. Daß er den Bogen Shivas nicht nur zu spannen vermochte, sondern mit Leichtigkeit zerbrach, zeigte ihn als Inkarnation Vishnus in einer gerade erwachenden Rivalität zweier Religionen als den überlegenen Gott.

Rāma eignete sich vorzüglich als herrscherliche Manifestation Vishnu-Nārāyanas im Tempel der Pāncarātras und später in den Tempeln der Shrī-Vaishnavas. Die Rāmabhakti findet in ihm einen Adressaten für ihre Lieder, der alles Leid der Verbannung, der Trennung von der Geliebten, der unerfüllten Sehnsucht, der Angst um die geraubte Gemahlin Sītā und bittere Entbehrungen selbst erlebt hat und daher die Nöte der

Gläubigen kennt. Aber er ist auch der unbeugsame Gesetzestreue, der sich selbst nicht erlaubt, was anderen verboten ist, und daher seine der Untreue verdächtigte Gemahlin verbannt, damit für seine Untertanen eindeutige Wertmaßstäbe erkennbar sind. Rāma ist auch der Triumphator, der nach dem Exil die Herrschaft in Ayodhyā antritt und über weite Teile Indiens ausdehnt, also auch das Ideal des Cakravartin, des Herrschers über einen Kreis von Vasallenfürsten, erfüllt.

Wie bei den meisten Avatāras des Gottes Vishnu ist es auch Rāmas Aufgabe, das Überhandnehmen von Unrecht und dämonischen Übergriffen zu beenden und die göttliche Ordnung wiederherzustellen. Seine Fähigkeit dazu beweist er schon in der Jugend, als er die Einsiedler von Unholden befreit, die sie bei ihren Opfern stören. Hauptgegner ist jedoch der zehnköpfige Dämon Rāvana, dem Mythos zufolge ein Verehrer Shivas, der Rāmas Gemahlin Sītā raubt und sie in seiner Festung Lankā gefangen hält. Rāmas wichtigste Helfer sind sein Bruder Lakshmana, der ihn ins Exil begleitet, und sein Freund und Verehrer Hanumān, ein überaus starker Affengott, Sohn des Windgottes Vāyu. Außerdem hilft ihm ein Heer von Affen und Bären.

Hanumāns unverbrüchliche Treue zu Rāma, seine Bereitschaft zu jedem Dienst, seine inbrünstige Liebe zu Rāma und Sītā und die ungeheure Kraft, die er entfaltet, wenn es darum geht, sich für Rāma einzusetzen, machen ihn zum idealen Bhakta, zum Vorbild aller Diener Gottes. Als solcher ist er zu einem Mittler zwischen dem Gläubigen und dem Gott Rāma und dabei selber zu einer immer wichtigeren Gottheit geworden. Ringer, Turner und Soldaten verehren ihn, aber auch Menschen, die Rāma und Sītā so im Herzen zu tragen versuchen wie Hanumān, der sich die Brust aufriß, um zu zeigen, daß er dieses göttliche Paar allzeit in sich trägt.

Die Rāmabhakti hat in Südindien eine große Rolle gespielt und zu einer reichen devotionalen Lyrik in den Landessprachen beigetragen. Auch das Rāmāyana selbst ist natürlich in die Regionalsprachen übertragen und zum Teil in eigenwilligen Fassungen neu geschrieben worden. Im Kult der Shrī-Vaishnavas spielt Rāma eine beachtliche Rolle. Ähnliches trifft auch für den Norden zu. Dort nimmt der Dichter Tulsīdās (ca. 1532–1623) einen herausragenden Platz in der Geschichte der Rāmabhakti ein. Seine freie Nachdichtung des Rāmāyana in der Volkssprache der Region um Benares, das Rāmcaritmanas („See der Taten Rāmas") wurde zu einer der bedeutendsten religiösen Schriften Indiens. Für Nordindiens Rāmaverehrung ist es *der* religiöse Text schlechthin. Tulsīdās gelingt es, das grenzenlose Erbarmen des Gottes Rāma-Vishnu ebenso tiefsinnig wie ergreifend darzustellen und zugleich die Grundlagen des Dharma, des religiösen Lebens und Handelns, in eindringlichen Gleichnissen zu vermitteln.

Tulsīdās wird zur Lehrtradition (*sampradāya*) des Rāmānanda gerechnet und folgt, wie dieser, dem qualifizierten Monismus (*vishishtādvaita*) des Rāmānuja. Vishnu steht für ihn hoch über anderen Göttern wie Brahmā und Shiva, aber auch Rāma, seine irdische Inkarnation, ist das höchste Wesen. Er ist ganz Gott, zum Heil der Menschen auf der Erde erschienen. Der menschliche und heroische Teil des epischen Rāma kommt bei Tulsīdās gar nicht in den Blick. Selbst Rāvana, der Bösewicht des alten Rāmāyana, ist bei Tulsīdās nur das Opfer eines Fluchs, von dem er erst durch den Tod von Gottes Hand erlöst werden kann.

Im Unterschied zur Krishnabhakti ist die Rāmabhakti des Tulsīdās frei von Erotik. Das Verhältnis des Menschen zu Gott gleicht dem eines Dieners (*sevaka*) zu seinem Herrn. Er kann durch intensive Bhakti, durch Erkenntnis oder durch rechtschaffene Lebensführung zum Heil gelangen, aber der erste dieser drei Wege ist der einfachste, sicherste und vor allem der schnellste. Schon das regelmäßige Murmeln des Wortes Rāma reinigt die Seele des Menschen und macht ihn bereit für die Gnade des Herrn.

Der Schule des Rāmānanda ist wohl auch das Adhyātma-Rāmāyana zugehörig, welches für den Rāmakult eine Sammlung von religiösen Lehren zusammenstellt, die von verschiedenen theologischen Standpunkten stammen (und daher jedem etwas bieten). Verhaltensregeln und Anweisungen zur Kultpraxis sind auch dabei.

An die Rāma-Religion schließt sich ferner ein Werk an, dessen Ziel es ist, den theistischen Gottesbegriff wieder zu einem monistischen hinzuführen. Es nennt sich Yogavāsishta-Rāmāyana und ist wahrscheinlich Ende des 12. Jahrhunderts in Kaschmir entstanden. Durch eine Reihe von Erzählungen versucht es, den theistischen Standpunkt der Rāma-Religion zu erschüttern und die Erkenntnis zu wecken, daß Welt und personale Gottheit nur Schein sind. Selbst Bhakti hilft daher nicht weiter. Nur Yoga und intuitive Erkenntnis einer übergeordneten Einheit (*advaita*) führen zu Befreiung und Frieden. Rāma erkennt, daß er selber das Brahman ist, in das sich die individuelle Seele auflöst. Das Ergebnis ist die Entstehung einer rāmāitischen Nirguna-Bhakti.

Diese Nirguna-Tendenz hat sich fortgesetzt und einen eigenen Zweig der vishnuitischen Tradition ergeben, der den Monotheismus wieder aufgibt, das Wort Rāma aber – nicht als Namen einer Person, sondern als Chiffre für das Unsagbare – für das höchste Prinzip beibehält. In diesen Zweig fließt seit dem 13. Jahrhundert auch Gedankengut der islamischen Sufis ein, die Allah ebenfalls als letztlich namen- und gestaltlosen Gott betrachten. Die so entstehende religiöse Bewegung, der Nirguna-Sampradāya, kann auch andere, nur als Symbol für Unsagbares verstandene Namen Gottes verwenden. Er ist ein nur lose geknüpftes Netz von Beziehungen verschiedener, oft als „Sant" („Wirklicher") bezeichneter Meister, die vor allem in neuerer Zeit große Gefolgschaften haben. Ein besonders bedeutender Vertreter dieser Richtung war Kabīr (1440–1518), dessen tiefe Religiosität vom Verständnis einer form- und namenlosen Gottheit ausging, welches es ihm ermöglichte, alle Wege zum Heil gutzuheißen.

Jede der drei hier nur knapp umrissenen großen Zweige der Vishnuiten (Verehrer Vishnus, Krishnas und Rāmas), die deutlich verschiedene Theologien ausgebildet haben, ist heute in zahlreiche Traditionslinien aufgegliedert, die auf die Lehre bedeutender Meister zurückgehen. Eine für den gesamten Vishnuismus anerkannte Instanz für die Beurteilung einer Lehre als gültig oder falsch gibt es nicht. Nur innerhalb der einzelnen Lehrtraditionen gibt es hierarchische Strukturen. Im Prinzip triumphiert aber die Freiheit des Denkens und der religiösen Erfahrung über jede Dogmatik. Wo Konflikte auftreten, kommt es nicht zur Unterdrückung, sondern zur Gründung einer neuen Linie.

## 2. Der Shivaismus

### a) Die Anfänge des Shivaismus und das Linga als Symbol

Daß der Gott Rudra seine Wurzeln außerhalb des vedischen Pantheons hat und daß er den Ariern als bedrohliche Gottheit galt, ist oben schon angeklungen. Im Veda war er als ein gefährlicher, Krankheit und Tod bringender Gott bekannt und wurde gelegentlich mit dem Feuergott Agni in seinem zerstörerischen Aspekt gleichgesetzt. Rudras Farbe ist rot, wie die Glut der sterbenden Sonne, des ausgebrannten Feuers und des Fiebers. Er ist ein schweifender Jäger, und sein Revier sind die Berge und die Wildnis. Um ihn zu besänftigen, nennt man ihn in euphemistischer Absicht Shiva, den Freundlichen, oder Shankara, den Wohltätigen, fürchtet ihn aber, denn dieser wilde Jäger wird von Schlangen umringelt, Blitz und Gift, Fieber und Husten sind seine Waffen, mit denen er die Haustiere und die Menschen hinwegrafft. Hara, der Hinwegraffer, ist daher einer seiner bekanntesten Namen. Und der Name Pashupati, „Herr der Tiere", der zuerst in den späteren Teilen des Atharvaveda auftaucht, hat damit zu tun, daß das Wohlbefinden der Viehherden von Rudras Gnade abhängt, wenn es ihm gefällt, sie vor seinen Krankheiten zu verschonen.

Dieser Gott, dessen Besänftigung lebenswichtig war, dessen Gnade vom Tode errettete, den man aber gar nicht gerne in seiner Nähe wußte und dem man sein Opfer daher außerhalb des Opferplatzes anbot, wurde der zweite große Gott des indischen Monotheismus. Das war erst möglich, als nicht mehr die eben geschilderte Außensicht der Arier bestimmend war, sondern die Volksgruppe, die diesen Gott wirklich verehrte, ein größeres Gewicht in der Gesellschaft erhielt. Sein Kult hatte eine eigene soziale Basis in einer Bevölkerungsgruppe, die zunächst an den Rand der arisch besiedelten Gebiete in die Wälder der Berghänge des Nordens verdrängt worden war. Diese Kirāta genannten und als Räuber gefürchteten Stämme machten die Handelsstraßen im nördlichen Gangestal unsicher. Schon in der Vājasaneyi-Samhitā des Weißen Yajurveda (16,20; 21) wird Rudra als Herr der Diebe und Räuber bezeichnet. Mit dem Wandel von wandernden arischen Hirtenstämmen zu regionalen Fürstentümern (*janapada*) mit Stadtentwicklung und Handelszentren (7.–5. Jahrhundert v. Chr) gewann jedoch auch die ansässige nicht-arische Bevölkerung ein größeres Gewicht im religiösen Bereich. Da sogar der Grammatiker Patanjali im 2. Jahrhundert v. Chr. Shiva-Bhāgavatas nennt, kann man davon ausgehen, daß der Kult des Shiva zu dieser Zeit eine breite Basis in der nicht-arischen Bevölkerung besaß.

Das wichtigste Symbol für den Kult des Shiva, der Phallus (*linga*), gehört nicht zur arischen Tradition. Es zeigt die Ambivalenz des Tod verbreitenden Shiva, indem es ihm auch die Zeugungskraft zuschreibt, die den Fortbestand des Lebens sichert. Das Linga von Gudimallam in Andhra Pradesh, etwa um die Zeitenwende entstanden, beweist, daß dieses Symbol Shivas anfangs realistisch als Penis mit daraus hervortretendem Gott dargestellt wurde. Später wurde es unter brahmanischem Einfluß abstrakter und damit weniger anstößig gestaltet. Es zeigt den Phallus des Gottes als aufgerichteten Pfeiler (*sthānu*), der die Weltachse bildet, um die sich alles Leben dreht. Der Schaft des Linga ragt gewöhnlich aus einem rund oder quadratisch geformten Sockel auf, dessen Oberseite als weibliche Scheide (*yoni*) gestaltet ist. Er ist mit einer nach Norden sich öffnenden Spitze versehen, die dazu dient, alle im Ritual über das Linga gegossenen Flüssigkeiten in eine Grube an der Nordseite des Tempels abzuleiten, in eben jene Richtung, in die man schon in vedischer Zeit die Opferreste für Shiva geworfen hatte.

Die Gottheit ist also androgyn, und ihre Basis in einer Akkerbau betreibenden Gesellschaft zeigt sich in der Symbolik

der Yoni als runder oder quadratisch nach den vier Himmelsrichtungen geordneter Erde, aus der Wachstum sprießt. Der
Phallus nämlich ist nicht beim Eindringen in die Mutter Erde
gezeigt, sondern steigt bereits als Resultat der Befruchtung und
als neues Leben zum Himmel auf.

Die spätere shivaitische Ausformung dieser Symbolik sieht
in dem aufgerichteten Glied des Shiva zwei Bereiche symbolisiert: einen kosmischen und einen psychischen. Der kosmische
zeigt sich in der äußeren Form des Linga, von der ein großer
Teil im Fundament verborgen ist. Das unterste Stück ist quadratisch und repräsentiert die rituell nach den Himmelsrichtungen ausgerichtete Erde. Dann folgt ein achteckig gestalteter
Schaft, der die acht Himmelsrichtungen und damit den Welt-
raum darstellt. Dieser Teil des Linga sitzt in der Yoni, dem
steinernen Sockel, und ist daher auch nicht zu sehen. Er zeigt,
daß sich die Durchdringung von männlichem und weiblichem
Prinzip und damit das kreatürliche Leben im Bereich des Raumes zwischen Himmel und Erde vollzieht. Dann folgt der
sichtbare Teil des Linga, dessen Schaft rund ist. Dieser repräsentiert bereits die geistige Welt jenseits des Raumes und der
Zeit, und dies wird noch betont, wenn sich an diesem Schaft
des Linga ein Kopf oder vier Köpfe des Shiva zeigen, was vor
allem in der Guptazeit nicht selten der Fall ist. Diese Manifestationen des Gottes befinden sich nach späteren Texten in der
oberen, primären und reinen Schöpfung, in welcher die Māyā
ihre das göttliche Bewußtsein begrenzende und materialisie-
rende Wirksamkeit noch nicht entfaltet hat. Die Spitze des
Linga schließlich ist gewölbt. Sie zeigt die Rundung des Welt-
eis, die Grenze, hinter der nur noch Shivas reines, gegenstands-
loses, in sich ruhendes Bewußtsein existiert.

Diese kosmische Symbolik des Linga wird später ergänzt
durch eine psychische, die sich am Konzept des Kundalinī
Yoga orientiert. Danach bemüht sich der Yogī, seinen Samen
(*retas*) und damit seine Lebenskraft nicht im Samenerguß zu
verschütten, sondern über Atemkontrolle in eine Sushumnā
genannte Bahn im Körper zu treiben, in der sie, der Schlange
Kundalinī folgend, sechs hemmende Zentren (*cakra*) durchbre-

chen und bis unter die Schädeldecke aufsteigen soll. Dort befindet sich nahe der Fontanelle ein tausendblättriger Lotussitz (*sahasrāra*), auf dem sich die Vereinigung von Shiva mit der aufsteigenden Kraft (*shakti*) vollzieht. Damit bildet das Linga sowohl den Kosmos als auch den durch Yoga erreichbaren Erlösungsprozeß ab. Diese umfassende Symbolik des Linga hat bewirkt, daß sich die Einführung eines Götterbilds in der *cella* von Shivatempeln nicht durchgesetzt hat.

Aus den uns erhaltenen Texten ist ersichtlich, daß die brahmanische Theologie des Shivaismus später einsetzt als die vishnuitische und diese zunächst im wesentlichen übernimmt. Das betrifft das gesamte, aus den Upanishaden abgeleitete theoretische Gebäude, die Gleichsetzung von Shiva mit Brahman und Purusha, die Einbeziehung des Sāmkhya und Yoga sowie die Verehrung des Gottes über ein Zusammenstellen und Preisen seiner Namen, Taten und Vollkommenheiten.

Interessanterweise entstand die Shiva-Theologie ebenso wie diejenige des Vishnu in Priesterkreisen des Yajurveda, so daß diese Beeinflussung nicht zufällig ist. Offenbar brauchte diese Priestergruppe dringend eine neue Klientel, um überleben zu können, nachdem sich zuerst Fürsten und Kaufmannsschicht den Mönchsorden zugewandt hatten und dann große Teile Nordindiens unter Fremdherrschaft (Griechen, Indoskythen, Parther, Kushāna) geraten waren. Und um den neuen Lehren größeres Ansehen zu verleihen, fügten sie zwei wichtige Texte (eine Aufzählung der hundert Namen Rudras und die shivaitische Shvetāshvatara Upanishad) nachträglich in die Tradition des Yajurveda ein.

## b) Die Pāshupatas und der Purānische Shivaismus

Die nächste wichtige brahmanische Gestaltung verdankt der Shivaismus einem Autor, der als Keulenträger (*lakulin*) bekannt wurde und, weil er als Inkarnation Shivas gilt, den Namen Lakulīsha trägt: „der Herr, der die Keule trägt". Er lebte Ende des 2. Jahrhunderts n. Chr. nahe der Mündung des Flusses Narmadā im heutigen Gujarāt. Seine vier Schüler begründeten vier Linien, durch die sich der Shivaismus in Indien ausbreitete. Lakulin selbst gibt in seinem Grundtext, den Pāshupata Sūtras, vor allem Anweisungen zum richtigen Verhalten, das zu Weltabkehr und Weltverachtung führen und als Ausgangspunkt für eine Lösung von allen materiellen Bindungen dienen soll, und schildert die Größe und die Fähigkeiten Shivas und der Vollendeten.

Wie bei den Vishnuiten erfolgt auch die erste Verbreitung der shivaitischen Lehren im Epos Mahābhārata und im purānischen Schrifttum. Theoretisch ausgebaut finden sie sich jedoch vor allem in dem Kommentar des Kaundinya (ca. 6. Jahrhundert), in dem die Lehre der Pāshupatas voll entfaltet wird. Ihren Namen „Pāshupata" („Anhänger des Herrn der Seelen") verdanken diese frühen Shivaiten ihrer dualistischen Gegenüberstellung der individuellen, ewigen Seele (*pashu*, eigentlich das Haus- oder Opfertier) mit dem Herrn (*pati*), der allein in der Lage ist, die Fessel zu lösen, die den Menschen an die Materie bindet wie das Opfertier an den Opferpfahl. Kaundinya übernimmt dabei im wesentlichen die Lehre des Sāmkhya, ordnet aber dessen oberste Prinzipien Purusha (bei ihm identisch mit *pashu*, der individuellen Seele) und Prakriti (selbsttätige Materie oder Natur) dem darüberstehenden personhaften Gott Shiva unter, dem Herrn, mit dem die erlösten Seelen nicht verschmelzen, sondern in dessen Gegenwart sie einen dem Shiva fast gleichen Zustand erreichen, dem einzig die Fähigkeit fehlt, selbst zu handeln. Spätere monistische Auslegungen der shivaitischen Lehre, nach denen alles Dasein letztlich einem einzigen Prinzip entstammt und auch wieder in dieses zurückkehrt, haben sich vor allem in Kaschmir und teilweise auch in Südindien durchgesetzt.

Die vor allem in den Purānas dargestellte Mythologie Shivas zeigt diesen Gott als Vernichter von Dämonen, als Yogī, der in der eisigen Einsamkeit des Hīmālaya tausendjährige Askese übt, und als Zerstörer, der am Ende einer Weltperiode den großen Weltenbrand einleitet. Die Endzeit und überhaupt die Zeit (*kāla*) als tötende Macht ist Teil seines Wesens. Auch das dritte Auge, das senkrecht über der Nasenwurzel auf seiner

Stirn steht, ist Teil dieser Vernichtungssymbolik: Wenn Shiva dieses Auge öffnet, so schießt daraus eine feurige Glut hervor, die alles augenblicklich verzehrt, worauf sie trifft. So verbrannte Shiva mit zornigem Blick den Liebesgott Kāma, als dieser es wagte, ihn in seiner Askese zu stören.

All diese Vernichtungsaspekte charakterisieren Shiva als einen Gott, der mit dem Auge der Erkenntnis die Versuchungen weltlicher Lust (*kāma*) verbrennt, der durch Yoga zur letzten Einheit vordringt und in Meditation die Vielheit der vergänglichen Erscheinungen, d.h. die ganze Welt aus dem Bewußtsein tilgt und damit die Befreiung der Seele aus den Fesseln weltlichen Daseins bewirkt. Die Szenerie dieser Mythen verrät den nordindischen Ursprung dieser yogischen Konzeption des Gottes: Shiva ist ein Erlösergott. Sein Typus der Erlösung ist aber asketisch und weltverneinend. Das unterscheidet ihn deutlich von Vishnu, der ein weltbejahender Gott ist und seine Geschöpfe liebt.

In Südindien hat sich allerdings unter dem Einfluß der Shivabhakti ein anderes Shivabild entwickelt. Zwar geht sein anfangs weltschöpferischer Tanz am Ende in einen Weltvernichtungstanz über, aber zuvor hat sich Shiva als Erfinder der Musik und des Tanzes als Kulturstifter und Lehrer der Menschen erwiesen. Diese menschenfreundlichere Sicht des Gottes in Südindien hat sich auf Kunst und Literatur ausgewirkt und dem Shivaismus ein liebenswertes Gesicht gegeben.

Sowohl in Nordindien als auch in Südindien konnte sich der Shivaismus der Protektion von Fürsten erfreuen. Er hat sehr rasch einen beträchtlichen Zuwachs an Macht erlangt, als er den Kriegsgott Skanda-Kārttikeya als Sohn in die Familie des Shiva aufnahm. Mit diesem Schachzug ergab sich ein Sog, der auch andere bedeutende Kriegsgötter wie Vaishākha und Kumāra mit Skanda verschmelzen ließ. Einen zweiten wichtigen Zuwachs erhielt der Kult des Shiva durch seine Gemahlin Pārvatī. Die Gleichsetzung dieser zuerst an Vishnus Gemahlin Lakshmī orientierten friedlichen Göttin mit Durgā, Kālī und allen blutgierigen lokalen und regionalen Göttinnen der Volkskulte, denen der Shivaismus bei seiner Ausbreitung in Indien begegnete, verschaffte dem Shivaismus ein gewaltiges, vor allem für die Herrscher wichtiges Potential. Diese waren für die Rekrutierung ihrer Armeen und die Befriedigung von deren religiösen Bedürfnissen auf die Integration dieser Gottheiten des einfachen Volks und der Stämme besonders angewiesen. Die Göttin wurde als Teil Shivas in die höchste Gottheit einbezogen, so daß sich dieser nicht nur in der Linga-Symbolik, sondern auch äußerlich im Götterbild als „Herr, der zur Hälfte Weib ist" (*ardhanārīshvara*) präsentierte. In dieser androgynen Form ist seine linke Körperhälfte weiblich gestaltet. Als auch der elefantenköpfige Gott Ganesha als Sohn der Pārvatī in Shivas Familie aufgenommen war und diesem die Beseitigung aller Hindernisse zugeschrieben wurde, insbesondere auch der Hindernisse, die beim Lernen, Schreiben, Rechnen und Denken entstehen können, gewann der Shivaismus zusätzlich eine wichtige menschliche Dimension. Und indem der Gott schließlich auch in Gestalt des Mārtanda Bhairava den Sonnengott integrierte, konnte er auch einen Teil der Anhänger dieses Gottes an sich ziehen.

Der Shivaismus hat in seiner asketischen Form einerseits den Yoga weiter entwickelt, andererseits auch extrem gesellschaftsfeindliche Sekten hervorgebracht. In seiner orthodoxen Form hat er die philosophischen Systeme des Nyāya und Vaisheshika sowie unterschiedliche Linien des Vedānta mitgetragen und in fast allen Teilen Indiens eine bis heute bestehende stabile religiöse Tradition aufgebaut. Hatte der Shivaismus zu Anfang große Teile seiner brahmānisch überarbeiteten Theologie vom Vishnuismus übernommen, so begann er etwa im 4. Jahrhundert deutlich eigene Wege zu gehen. Die Herrscher sahen in Shiva als Vernichter mächtiger Dämonen ein Vorbild für den Kampf gegen ihre Feinde und förderten seinen Kult. Die eigentliche Blütezeit der shivaitischen Theologie setzte jedoch erst im 9. Jahrhundert ein und dauerte bis zum 13. Jahrhundert. Seit dem 10. Jahrhundert entstanden in Zentralindien (Khajurāho)und in Südindien (in mehreren Zentren des Chola-Reichs) jene berühmten großen Tempelanlagen, die noch heute Touristen aus aller Welt anziehen. Mit dem maritimen

Handel (intensiv seit dem 2. Jahrhundert) und vor allem mit der Kolonialpolitik der Pallavas (7.–9. Jahrhundert) und Cholas (9.–13. Jahrhundert) hat sich der Shivaismus auch in Südostasien ausgebreitet.

### c) Shivaitische Schulen seit dem 10. Jahrhundert

*Kaschmirischer Shivaismus.* – Auch im Shivaismus haben sich mehrere unterschiedliche Traditionsstränge mit deutlichen Differenzen in Theologie und Praxis entwickelt. Nur ein Teil von diesen kann hier erwähnt werden. Im schon genannten kaschmirischen Shivaismus entstanden eine dualistische und eine monistische Variante, von denen sich letztere im 10. Jahrhundert durchgesetzt hat. Der Unterschied besteht in der Beurteilung der Natur der Seele: Ist sie letztlich identisch mit Shiva und verschmilzt mit ihm (monistisch), oder ist sie gleich Shiva unvergänglich, allwissend und selig (dualistisch), verharrt aber in reiner Anschauung allen Geschehens und handelt nicht, so daß nur Shiva als Herr der Welt (*īshvara*) auftritt? Wie im Sāmkhya ist dies ein struktureller Dualismus, da er ja nicht nur eine, sondern zahlreiche unvergängliche Seelen annimmt. Der kaschmirische Shivaismus wurde insofern zum Wegbereiter des Shāktismus, als er der Shakti ein weit größeres Eigengewicht gab, als dies im übrigen Indien der Fall war. Unter dem Dach eines transzendenten Monismus nahm er eine Dreiheit von geistigen Prinzipien an: Shiva, Shakti und Seele (*anu*) – was ihm die Bezeichung *trika*-System einbrachte –, wobei die Seele, obwohl eigentlich Shiva ähnlich, durch ihr anhaftenden materiellen Schmutz (*mala*) verdunkelt und in ihren Fähigkeiten beschränkt ist. Der Prozeß der Befreiung aus diesem Zustand der Beschmutzung führt zur Wiedererkennung (*pratyabhijnā*) der letztlichen vollständigen Einheit der Seele mit Shiva.

*Der Shaiva Siddhānta.* – Im Süden Indiens entwickelte sich auf der Basis einer umfangreichen Bhakti-Lyrik der Nāyanārs ein weniger theoretisch als vielmehr emotional geprägter dualistischer Shivaismus, der sich seit dem 13. Jahrhundert als „endgültige Vollendung der shivaitischen Lehre" (*shaivasiddhānta*) bezeichnete und der auf der Verschiedenheit von Gottheit und Seele beharrte, weil nur diese das in der Bhakti-Beziehung erfahrbare höchste Glück auf Dauer gewährleistet. Es gibt also neben Shiva eine Vielheit von unvergänglichen Seelen, die in erlöstem Zustand in der Anschauung Gottes verharren.

*Die Nātha Yogīs.* – Zu nennen ist ferner die Schule der Nātha Yogīs, eine Bewegung, die von Bengalen ausging und sich später nach Westen bis Gujarāt und nach Süden in den Dekkhan ausbreitete. Sie legte besonderen Wert auf die Kontrolle des Körpers und versuchte, diesen durch Hatha-Yoga und Schulung der Willenskraft von innen her zu reinigen und unsterblich zu machen. Auch setzten die Nātha Yogīs Alchemie ein, um Materie zu transformieren. Bedeutende Lehrer und „Vollendete" (Siddhas) wurden als Gottheit verehrt.

*Die Vīrashaivas.* – Im Dekkhan entstand auch die shivaitische Schule der Vīrashaivas. Im Unterschied zu den bisher genannten Richtungen, die stark brahmanisch geprägt blieben, haben sich die Vīrashaivas von den ritualistischen Traditionen und damit auch von einem entscheidenden Machtinstrument der Brahmanen gelöst und die totale Aufhebung der Kasten durchgesetzt, ebenso wie die Gleichstellung der Geschlechter. Diese Bewegung entstand im 12. Jahrhundert. Sie hat einen Teil der im Dekkhan lebenden Jainas absorbiert und von diesen auch die Klosterorganisation mit Trennung von religiösen Spezialisten und Laien und den sozialen Zusammenhalt übernommen. Einen großen Zuwachs an Mitgliedern und Einfluß bekamen sie von 1350 bis 1610, als die Herrscher von Mysore diese Form des Shivaismus zur Staatsreligion machten. Die Vīrashaivas sind äußerlich dadurch gekennzeichnet, daß sie an der Halskette, am Armband oder sonstwo am Körper eine kleine Kapsel bei sich tragen, in der sich ein Miniatur-*linga* befindet, so daß sie als *Lingāyats* den Gott Shiva ständig mit sich führen. Sie erkennen die monistische Lehre Shankaras und der Upanishaden an, beziehen diese jedoch auf Shiva als höchstes Prinzip.

Als Wege zu diesem sind Bhakti und Yoga gleichermaßen gefordert, und die Mittlerschaft des Guru spielt eine große Rolle. Entscheidend aber ist ein lauterer Lebenswandel unter Beachtung der Nichtverletzung von Lebewesen (*ahimsā*), Vegetarismus und Abstinenz von berauschenden Getränken, Vermeidung aller Sexualität außerhalb der Ehe, Solidarität mit den Glaubensgenossen und vor allem Gottergebenheit bei allem Tun. Da sich die Verstorbenen, wenn sie ein gläubiges Leben führten, mit Shiva vereinen, ist der Tod weder beklagenswert noch unrein. Daher werden die Toten nicht verbrannt, sondern begraben. Die Wiedergeburtslehre wird zwar nicht abgelehnt, aber als Lingāyat darf man sich dem Ziel der Erlösung so nahe fühlen, daß nur grobes Fehlverhalten wieder zurück in den Kreislauf der Geburten führt. Diese in manchen Punkten mit dem Protestantismus vergleichbare Reformbewegung besitzt bis heute im Dekkhan Wohlstand und großen Einfluß.

### 3. Der Shāktismus

Seit dem späten 6. oder Anfang des 7. Jahrhunderts beginnt sich der Shāktismus als eigenständige Religion zu artikulieren. Der älteste Text, der diese Entwicklung zeigt, ist das Devī Māhātmya, ein im Mārkandeya Purāna überliefertes umfangreiches Preislied auf die Göttin in mehreren ihrer Manifestationen, das diese als mächtigstes handelndes Prinzip über alle Götter stellt. Der Text ist schwer zu datieren, und ernsthafte Vorschläge reichen von der Zeit der Kushānas (2.–3. Jahrhundert) über die Guptazeit (4.–5. Jahrhundert) bis zum 6. Jahrhundert. Mir scheint eine zeitliche Einordnung etwa in die Regierungszeit des Königs Harsha (606–647) am wahrscheinlichsten.

Die Lösung der Göttin von Shiva geschieht jedoch noch nicht so schnell. Erste Texte, die mehr oder weniger systematisch einen kohärenten Gesamtkomplex von Theologie, Ritual und Mythos der Shāktas zu formulieren versuchen, treten im 9. oder 10. Jahrhundert auf, und erst im 12.–14. Jahrhundert ist ihre Lehre einigermaßen ausgereift. Die Masse der Literatur dieser Religion entsteht im 17.–19. Jahrhundert, und die Produktion meist als Tantra bezeichneter Shākta-Traktate setzt sich bis in die Gegenwart fort.

Die theologische Basis für den Shāktismus liefert der Shivaismus, aus dem ersterer hervorgeht und von dem er fast das gesamte theoretische Gebäude übernimmt. Nur die Wertung des obersten Prinzips wird vertauscht: Nicht Shiva, sondern Shakti nimmt die oberste Position ein. Diese Umwertung läßt sich aus den shivaitischen Prämissen selber begründen. Dort gilt Shiva als reiner Geist. Shakti ist seine Potenz, die sich aufgliedert in die Fähigkeiten zu erkennen (*jnānashakti*), zu wünschen (*icchāshakti*) und zu handeln (*kriyāshakti*). Nach den shivaitischen Theologen sind diese Potenzen Attribute der Gottheit und daher untergeordnet. Daher sind sie auch nicht vorhanden oder nicht manifest, wenn die Welt nicht besteht. Nur Shiva selbst als reines Bewußtsein ist dann noch übrig.

Die Shāktas dagegen argumentieren, daß Shiva ohne die Shakti, also ohne die Fähigkeit zu erkennen, zu wünschen und zu handeln, völlig hilflos wäre. Er läge ohne Bewußtseinsinhalt und ohne Handlungsmöglichkeit regungslos da wie ein Leichnam. Das eigentlich schöpferische Prinzip ist daher die Shakti, welche erkennt und handelt, die Welt erschafft, erhält und zerstört und die Shiva gar nicht benötigt. Sie ist Mahāmāyā, die „große zauberkräftige Schöpfungskraft", die Mutter der Welt, höchstes Prinzip, Anfang, Mitte und Ende der Welt und letztes Ziel aller Seelen.

Die Tatsache, daß die Verehrung weiblicher Gottheiten in Volks- und Stammesreligionen des ländlichen Indien ohnehin deutlich vorherrschend ist, hat die Ausbreitung des Shāktismus sehr gefördert. Die unten unter Volksreligion geschilderten Göttinnen sind alle Ausdruck dieser heute überaus lebendigen Religion. Zu raschem Anwachsen ihrer Bedeutung führte jedoch auch die Tradition der indischen Fürsten im späten Mittelalter, ihre Legitimation als Herrscher in der jährlichen Erweiterung ihres Territoriums zu suchen. Kaum war die Regenzeit vorbei, wurde für den Kriegszug gerüstet und mit der zehntägigen

Durgāpūjā unter Rezitation des Devī Māhātmya und reichlichen Opfern von Büffeln und Ziegen der Segen für das ausziehende Heer von der Göttin erfleht. Aus diesem alten Kriegsbrauch ist längst eine legitimatorische Pflicht geworden: Ein Fürst, der dieses Opfer nicht alljährlich durchführt, verliert die Achtung seiner Untertanen und gefährdet seine Position. Obwohl nämlich die Shāktas auf dem Feld der Theologie nur verhältnismäßig wenig Eigenständigkeit besitzen, so ist doch die tatsächliche Verehrung von Göttinnen in Indien omnipräsent, und ihre Bedeutung im täglichen Leben darf auf keinen Fall unterschätzt werden.

## 4. Pluralität und Staatsraison: Die Smārtas

Bereits in spätvedischer Zeit, als regional einigermaßen deutlich umgrenzte Königreiche entstanden, wurde es für die Könige notwendig und überlebenswichtig, sich nicht nur dem Schutz ihres arischen Stammes, sondern auch dem Schutz der Gesamtbevölkerung des beherrschten Territoriums zu widmen. Dazu gehört auch der Schutz der Religion aller Bevölkerungsgruppen. Diese Aufgabe des Königs wurde in Rechtsbüchern (*dharmasūtra, dharmashāstra*), deren Anfänge wohl in diese Zeit zurückreichen, als wesentliche Pflicht des Herrschers festgeschrieben. Auch in den Handbüchern des häuslichen Rituals wurde achtungsvolles Verhalten gegenüber den Göttern der nicht-arischen Unterschicht vorgeschrieben. Die Bevölkerungsgruppen waren aufeinander angewiesen, und der König war verpflichtet, für Harmonie zu sorgen.

Je komplexer die Gesellschaft wurde, je dichter sich das Geflecht von Handel, Bergbau, Landwirtschaft und Handwerk gestaltete, und je mehr neue Religionen und Mönchsgemeinschaften entstanden und Zulauf bekamen, desto größer wurde diese religionspolitische Verantwortung des Königs. Und angesichts der zum Teil extremen Riten, die in manchen Sekten praktiziert wurden, und der nicht geringen Zahl von Spionen, die sich als wandernde Asketen oder Mönche verkleideten, ging es auch um Kontrolle der Tempel.

Eine Lösung des diffizilen Problems der Verflechtung von Religionsfreiheit, Schutz und Kontrolle gelang den Herrschern in der späten Guptazeit mit Hilfe von Brahmanen, die sich in den Dienst einer königlichen Religionspolitik zu stellen bereit waren. Diese Brahmanen erhielten die Bezeichnung Smārta: „der Smriti verpflichtet". Das bedeutet aber auch: Nicht dem Veda (*shruti*), auch nicht den Texten spezifischer Religionsgemeinschaften (Purāna, Āgama oder Tantra), sondern den Normen der kastengemäßen Lebensführung, wie sie im Auftrag der Herrscher in verbindlichen Rechtstexten (*smriti*) niedergelegt wurden, waren sie verpflichtet. Ihre private religiöse Überzeugung mußten diese Brahmanen entweder zurückstellen, oder sie konnten sie zum Beispiel den ebenfalls zur *shruti* gehörenden Upanishaden entnehmen und das gestaltlose, jenseits aller Götter befindliche Brahman verehren. Von Berufs wegen aber waren sie beauftragt, einen königlichen Tempelkomplex rituell zu betreuen. In diesem vereinigte der König je einen Tempel der fünf wichtigsten Religionen seines Reiches. Er erreichte damit eine wesentliche Rationalisierung, weil er an einer Stelle alle Götter verehren konnte. Der Smārta-Priester führte entweder die Riten in allen Tempeln durch, oder er beschäftigte weitere Priester der einzelnen Religionen. Daneben konnte er ein Auge auf die Gläubigen haben, die hier aus und ein gingen.

Dieser aus fünf Gotteshäusern (*panca-āyatana*) bestehende Tempelkomplex besaß einen Haupttempel in der Mitte – dem Gott des Königs geweiht – und an den vier Ecken des geweihten Bezirks vier kleinere Tempel für andere Götter. Der Typus verbreitete sich rasch und nahm auch bald ein festes Schema der vertretenen Religionen an. Im Zentrum steht je nach Wunsch des Königs Vishnu oder Shiva, an den Ecken derjenige der beiden großen Götter, der den Platz im Zentrum nicht erhalten hatte (Shiva oder Vishnu) sowie der Sonnengott Sūrya, der damals noch eine bedeutende Religion darstellte, die Göttin Durgā und Ganesha, der Beseitiger der Hindernisse. Da diesen je ein Kreis von göttlichen Begleitern, Kindern oder Inkarnationen zugeordnet ist, ergibt sich wieder ein Polytheismus, für dessen Darstellung die Nischen an den Außenwänden der Tempel Raum bieten. Es ist ein herrscherlicher Polytheismus, der die wichtigen Religionen seines Reiches in einem neuen Pantheon zusammenfaßt.

Die Smārtas erfüllten eine wichtige Funktion. Sie dienten der Zentralisierung und damit auch der örtlichen Zusammenführung der Religionsgruppen. Sie machten sich zu unentbehrlichen Gehilfen und Ratgebern der Herrscher und sich selber zu Nutznießern einer reichen Pfründe. Dafür mußten sie ihre eigene religiöse Überzeugung, falls sie eine andere als die des Königs hatten, in der Öffentlichkeit zurückstellen. Der Kult des Tempels im Zentrum hatte Vorrang. In der Regel aber war das mit Hilfe der monistischen Lehre vom Brahman einfach und mittels der Unterordnung anderer Götter unter den höchsten Gott auch für Vishnuiten und Shivaiten nicht unmöglich.

Im Kult der fünf Gottheiten kann man bereits einen Versuch der staatlichen Regulierung des vielfältigen Religionsbetriebs sehen. Er hat sich aber als Staatskult auf Dauer doch nicht durchgesetzt, erstens, weil auch in Königsfamilien Religionswechsel vorkamen, und zweitens, weil er jeweils die Unterordnung einiger und die Ausgrenzung anderer Religionsgemeinschaften symbolisiert. Man hat jedoch das Prinzip in den großen, jeweils *einem* Gott geweihten Pilgerzentren insofern übernommen, als man im Umkreis des großen Haupttempels Raum für viele kleinere Tempel hat, so daß jede Religionsgemeinschaft mit ihrem Gott vertreten ist. Dadurch erhält der religiöse Tourismus Auftrieb, denn nun kann man aus bloßer Neugier einen berühmten Tempel aufsuchen und hat trotzdem die Möglichkeit, dem eigenen Gott dort mit einem Gebet die eigene Loyalität zu versichern.

## 5. Vishnu und Shiva in vergleichender Perspektive

Der Charakter der beiden großen Götter Vishnu und Shiva ist grundverschieden. Dennoch haben ihre Anhänger teilweise ähnliche Theologien hervorgebracht, weil beide Gruppen von dem brahmanischen Denken der Upanishadenzeit ausgingen, sich in ständigem Wettbewerb miteinander befanden und sich mit den gleichen Problemen auseinandersetzen mußten.

Der Gott Vishnu besitzt die Zaubermacht Māyā, die im Veda vor allem dem Gott Varuna und anderen Ādityas zukam. Es ist eine Wunder bewirkende, Unmögliches möglich machende Kraft, eine Kraft, welche nach Belieben Gestalten in Erscheinung treten läßt oder wieder verhüllt, und der die gesamte Vielfalt der Welt ihre Entstehung verdankt. Der Gott verfügt über diese Kraft. Māyā ist ein Teil von ihm, ist nicht verschieden von ihm, existiert nicht ohne ihn. Alles, was Vishnu durch seine Māya erschafft, befindet sich in ihm, nicht außerhalb. Es gibt kein Sein, außer demjenigen Gottes, und keinen Raum, der sich irgendwo außerhalb des Gottes befinden könnte. Daher ist es wichtiger Teil der Aufgabe von Māyā, Vishnus Allgegenwart zu verhüllen, so daß in ihm ein Raum für die Welt und für alle Wesen entsteht, in dem er zwar zugegen ist, aber von den Wesen nicht wahrgenommen wird, außer wenn er sich ihnen offenbart. Dort bringt Vishnu spielerisch die Welt zur Entfaltung – spätere Texte sprechen sogar von ungezählten Welten, die nebeneinander entstehen und vergehen, wie Luftblasen im Wasser oder wie Lotosblüten auf einem Teich.

Alle Wesen, so wird in der Bhagavadgītā mehrfach betont, sind in Vishnu, er aber ist nicht in ihnen. Damit soll ausgedrückt werden, daß Vishnu zwar als unerkannter Beweger und als Zeuge allen Tuns mit einem Bruchteil seines Wesens in jedem einzelnen Wesen präsent ist, selbst aber so überwältigend groß ist, daß keines dieser Wesen ihn zu fassen vermag. Vishnu gibt der von ihm geschaffenen Welt eine Ordnung und schützt diese Ordnung, den Dharma. Jedesmal, wenn sie in ernste Gefahr gerät, inkarniert er sich in diese Welt, um die Ordnung wieder aufzurichten. Er selbst aber steht außerhalb der Ordnung, ist in seinem Handeln nicht an sie gebunden und besitzt unendliche Freiheit.

Māyā selbst ist unergründlich und unerkennbar, so wie auch Vishnu unerkennbar und unergründlich ist. Jedes Wesen aber kann die Macht der Māyā erfahren, alle sind Teil von ihr und aus ihr geboren, einschließlich der feinstofflichen und grobstofflichen Materie, welche sich zu den psychischen Organen und den Elementen entfaltet und alle Körper bildet. Hier kann die vishnuitische Theologie die Lehre des Sāmkhya von den 25 Daseinsprinzipien ohne Probleme übernehmen. Das höchste Prinzip dieser Lehre, der Purusha, ist jener minimale und doch unermeßliche Bruchteil Vishnus, der unvergängliche Zeuge im Vergänglichen, welcher im Individuum unberührt bleibt von allem Wandel und Leid dieser Welt. Vishnu aber ist Purushottama, der höchste Purusha, derjenige, der die ungezählten Purushas des Sāmkhya übergreift und ihnen Raum gewährt und der doch jedem Einzelwesen unmittelbar nahe ist.

Betrachtet man dagegen die shivaitische Konzeption, die erst im 8.–10. Jahrhundert ausreift, als das systematische Denken schon weiter fortgeschritten ist, so ergibt sich ein deutlich anderes Bild. Die theoretische Rekonstruktion des Schöpfungsprozesses geht aus von jener berühmten Stelle in der Chāndogya Upanishad (6.2,3), wo von dem uranfänglichen Einen gesagt wird: „Dieses wünschte: Ich möge Vieles sein, ich will hervorbringen." Der Wunsch ist es, welcher als schöpferisches Prinzip auftritt. Er ist als Willensregung eine Potenz des Einen, die den Anstoß zur Schöpfung gibt und sie sogleich verwirklicht.

Nimmt man aber das Auftreten des Wunsches ernst, so muß es einen geben, der wünscht. Ohne einen Wünschenden kann auch kein Wunsch entstehen. Hinter dem Einen, welches wünscht, muß also eine Person stehen. Dies ist die theistische Variante des monistischen Ansatzes, und das Ergebnis ist wie im Vishnuismus die Personalisierung des absoluten Einen.

Der Wunsch ist im Sanskrit ein feminines Wort und heißt *icchā*. Die Fähigkeit oder Potenz heißt *shakti* (ebenfalls feminin). So bekommen wir in der sprachlichen Fassung des Sanskrit als ersten Impuls zur Schöpfung ein weibliches Prinzip, nämlich *icchāshakti*, die Potenz des Wünschens, aus der dann weitere Shaktis hervorgehen.

Diese Shakti tritt im Shivaismus, wie wir gesehen haben, als Göttin auf, als Pārvatī oder Durgā. Bildlich gesehen löst sie sich aus dem androgynen Gott, dessen weibliche Hälfte sie war, und wird zur Partnerin: Damit geschieht der erste Schritt von der Einheit zur Vielheit. Die so entstandene Partnerin tritt als Shakti in Interaktion zu Shiva und bewirkt alles, was es bei der Entfaltung zur Welt und zur Vielheit der Wesen zu bewirken gibt.

Vergleicht man diese Konzeption mit derjenigen der Vishnuiten, so ergibt sich eine deutliche Differenz. Auch Vishnu hat etwas Weibliches in sich, nämlich die Māyā. Auch bei ihm ist sie es, welche alle Gestaltungen hervorbringt. Aber Māyā löst sich nie von Vishnu, sie wird nie zu einer eigenen Person, sie bleibt immer untrennbarer Teil oder Gestaltungswille eines unergründlichen Gottes. Dieser Gott kann sich, wenn er will, in weiblicher Gestalt als Mohinī zeigen und selbst den großen Yogin Shiva und die geläutertsten Asketen durch weiblichen Charme und betörende Grazie verwirren. Er ist voller Wunder, aber seine Māyā wird nicht zu seiner Partnerin. Er bleibt unteilbar.

Shivas Shakti hingegen wird zu seiner Gemahlin. Befruchtet von seinem Bewußtsein erzeugt sie die Dinge und Wesen. Zu diesem Zweck teilt sie sich in drei Potenzen auf, nämlich *citshakti*, die Potenz des Denkens, *icchāshakti*, die Potenz des Wünschens, und *kriyāshakti*, die Potenz des Handelns. Dem Wunsch (*icchā*) muß der Gedanke vorausgehen, denn wo es noch keinerlei Objekt gibt, setzt der Wunsch wenigstens die Vorstellung von etwas voraus, das man sich wünschen kann. Und ist der Wunsch als Willensregung entstanden, so bringt Kriyāshakti, die Potenz des Handelns, das Gewünschte hervor.

Nach der vollständig ausgebildeten Kosmologie, wie sie in den Āgamas des 9. und 10. Jahrhunderts vorliegt, produziert Shivas Shakti zunächst reine Welten. Diese können jedoch weder die Vielfalt der Körper enthalten, die erst durch Bindung an die Materie entsteht, noch den Seelen die Folgen einer solchen Bindung an die Materie deutlich machen. Um beides zu ermöglichen, muß also auch hier göttliches Bewußtsein verhüllt werden, und das bedeutet, daß auch Shiva nicht ohne Māyā auskommen kann. Sie wird benötigt, um die Einheit von absolutem Sein und Welt zu verdecken und um zu erklären, woher die Unwissenheit, das Leid und die Vergänglichkeit in dieser Welt kommen.

Die Shivaiten sehen in diesem Prozeß der Verdunkelung des Bewußtseins eine eigentümliche und für die Entstehung der Welt notwendige Handlungsweise Shivas, die sie *tirobhāva*, das Verschwinden, nennen. Es bewirkt, daß die Geschöpfe den Gott Shiva nicht in allen Dingen erkennen, weil er sich ihrer Wahrnehmung entzogen hat. Dies geschieht mit Hilfe der Māyā, welche die rein geistigen Welten von den stofflichen Welten trennt, das seinem Wesen nach unbegrenzte Bewußtsein des Individuums durch die Faktoren Zeit, Kausalität, emotionale Bindung an Objekte, Erkenntnis des Partikularen (statt der Gesamtheit) und Minimierung des Handlungsbereichs begrenzt und seine Fähigkeiten dadurch drastisch einschränkt. So kommt es, daß das Individuum, seiner ursprünglichen göttlichen Allwissenheit und Allmacht beraubt, zum Wanderer in einer Welt der Vielheit wird, in der es die Präsenz Shivas nicht mehr wahrzunehmen vermag.

An dieser Stelle des kosmogonischen Geschehens, wo Māyā die Verhüllung des kosmischen Bewußtseins bewirkt hat, manifestiert sich Shiva in drei Gestalten als Schöpfer, Erhalter und Zerstörer der Welt. Es handelt sich um eine sekundäre Schöpfung, die hier einsetzt, eine Schöpfung im Bereich der Māyā, die durch Illusion und Verfremdung radikal von der reinen Schöpfung getrennt ist. Alles in der Welt der Māyā ist vergänglich, auch die drei Manifestationen Shivas, die bekannte Namen tragen. Es sind Brahmā als Weltschöpfer, Vishnu als Welterhalter und Shiva als Weltzerstörer.

Daß hier Shiva zum zweitenmal erscheint, sollte nicht täuschen: Namen sind zwar nicht Schall und Rauch, sie bezeichnen aber auf jeder Ebene des Weltgebäudes etwas anderes. Hier werden drei Funktionäre in der niederen Schöpfung bewußt und polemisch mit Namen belegt, die andere unwissende Leute für höchste Götter halten. Brahmā und Vishnu sind eben für die Shivaiten keine Götter im eigentlichen Sinne. Auch Shiva in dieser bloßen Funktion als periodischer Weltzerstörer nicht. Sie sind gleichsam für bestimmte Funktionen eingesetzte Beamte im Bereich der stofflichen Welt, denen die zyklisch erforderliche Erschaffung, Erhaltung und Zerstörung der niederen Welt als Aufgabe zugewiesen wurde. Sie sind auch nur Funktionäre auf Zeit, denn im Bereich der Māyā ist nichts von Dauer.

Richtet man zum Vergleich wieder einen Blick auf die Theologie der Vishnuiten, so kommen auch dort die drei Götter Brahmā, Vishnu und Shiva in gleicher Funktion vor und gelten als Teilmanifestationen Vishnus mit begrenzten Aufgaben im Rahmen der Organisation des zyklischen Weltgeschehens. Die Theologen beider Religionen haben also die höchsten Götter anderer Religionen integriert und ihrem Gott untergeordnet. Damit wecken sie erstens bei ihren Anhängern ein deutliches Überlegenheitsgefühl und das Vertrauen, bei ihrem Gott der erlösenden Gnade näher zu sein als andere. Zweitens erreichen sie aber auch, daß Aggressionen gegen die Tempel anderer Götter und ihre Anhänger unnötig werden. Handelt es sich doch bei der Verehrung eines anderen Gottes nur darum, daß ein Bittsteller in seiner Unwissenheit an der Tür des Dieners klopft, anstatt sich direkt an den Herrn zu wenden. Diese Dummheit ist das Ergebnis von schlechtem Karma, das offenbar noch nicht verbraucht ist. Es kann aber durchaus sein, daß der Betreffende eines Tages von sich aus an die richtige Türe klopft.

Welche Türe die richtige ist, darüber sind Vishnuiten und Shivaiten unterschiedlicher Meinung. Für die Shivaiten wenigstens ist klar, daß in diesem Leben nicht erlöst werden kann, wer nicht Shiva verehrt. Dies nämlich ist die einzige Möglichkeit, beim Aufstieg zu Gott die Barriere der Māyā zu überwinden, was ohne Shivas Gnade nicht möglich ist. Die Vishnuiten sind da großzügiger. Vishnus Gnade ist an keine Grenzen gebunden, auch nicht an Religionsgrenzen. Wenn er es will, erlöst er auch einen Verehrer eines anderen Gottes. Ohnehin ist er es ja, dem alle Verehrung in Wirklichkeit zukommt. Aber die Verehrung Vishnus ist der direkte Weg, alle anderen sind Umwege und Abwege.

Eine Differenz im Aufbau des Kosmos ist aber noch zu beachten: In Vishnus Kosmos gibt es keine reinen Welten jenseits von Māyā. Da Māyā untrennbar mit Vishnu verbunden ist, kann nichts zwischen den Gott und seine Māyā treten. Alle Welten sind von dieser Zauberkraft abhängig. Das Weltgebäude aber hat viele Etagen, grobstoffliche zuunterst, dann immer lichtere aus immer feinerer Materie gefertigt. So gibt es sieben Himmel, in denen immer fortgeschrittenere Seelen wohnen, bis hin zur Welt des Brahman. Jenseits davon ist Vishnus Himmel Vaikuntha und Vishnu selber. Das ist das letzte Ziel des Aufstiegs.

Bei aller Ähnlichkeit, die sich aus der teilweisen Verwendung der gleichen Bausteine ergeben, sind die entscheidenden theologischen Aussagen der beiden großen Religionen Vishnuismus und Shivaismus verschieden. Sie haben eine unterschiedliche Konzeption Gottes. Auch seine Beziehung zur Welt sehen sie grundsätzlich verschieden. Das gilt auch für die individuellen Seelen, ihren Weg zur Erlösung und für die Erlösung selbst. Daß die beiden Religionen gänzlich unterschiedliche heilige Schriften und auch nicht die gleiche Lehrtradition haben, kommt noch hinzu. Es sind eben verschiedene Religionen. Das gilt auch für den Shāktismus, die jüngste der wichtigen Religionen und die zur Zeit neben dem Hanumān-Kult am stärksten wachsende. Und die Volksreligion, die nach wie vor weiterlebt, fügt viele weitere Steine zum Puzzle indischer Religionen hinzu. Gerade die Vielfalt ist es, die das entstehende Bild so überaus faszinierend macht. Im Ganzen ergeben diese Teile ein Bild. Es ist aber nicht das Bild *einer Religion*, sondern das Bild *einer Kultur*, die es den Menschen erlaubt, ihren je unterschiedlichen religiösen Vorstellungen nachzugehen, ohne daß es deswegen zu Konflikten kommen muß. Diese Großzügigkeit ihrer langen kulturellen Tradition vergessen oder verdrängen die Vertreter eines nationalen Hinduismus. Sie ersetzen sie durch einen aus dem Westen übernommenen religiösen Fanatismus, den man hier eigentlich zu überwinden versucht. Es ist jedoch möglich, daß ein rasches ökonomisches und politisches Erstarken der Republik Indien den Irrweg einer Einheitsreligion bald wieder überflüssig macht.

# III. Der Hinduismus heute

Wer vom gegenwärtigen Hinduismus spricht, meint damit nicht nur die Religion und kulturelle Prägung einer Mehrheit des indischen Volkes, sondern auch einer großen Zahl von Indern, die in Südostasien, im Vorderen Orient, in Afrika, den beiden Amerika, Europa und Australien leben. Allein in Indien sind es zur Zeit ca. 820 Millionen, etwa 82 % der Bevölkerung. In Nepal bilden die Hindus sogar eine Mehrheit von 89 % der Bevölkerung und in Mauritius von 52 %. Beachtliche Hindu-Minoritäten leben auf den Fidji-Inseln im südlichen Pazifik (38 %); in den karibischen Staaten Guyana (37 %), Surinam (27 %) und Trinidad/Tobago (24 %); ferner in Bhutan (24 %), Sri Lanka (15 %), Bangladesh (12 %), Malaysia (7 %) und Singapur (5 %). In Südafrika und Kuweit sind es je 2 %. Wichtige Einwanderungsländer für Hindus sind außerdem die USA, Kanada, Australien und Großbritannien.

Die statistische Größe von 82 % in Indien selbst und anderswo ist allerdings unspezifisch. Sie faßt alle Inder in einer Kategorie „Hindu" zusammen, die sich nicht zum Islam, Christentum, Judentum, Buddhismus, Jinismus oder zur Religion der Parsen bekennen. Was hier als „Hindu" erscheint, umfaßt bei genauerem Hinsehen Menschen, die in animistischen, polytheistischen, pantheistischen, monistischen und monotheistischen Formen religiöser Weltdeutung leben und denken. Ihre Religion umfaßt die archaischen Lebensformen und Riten der in Stammesgruppen lebenden Urbewohner Indiens (ādivāsīs) ebenso wie die hoch entwickelten und deutlich verschiedenen theologisch-philosophischen Systeme der Vishnuiten, Shivaiten, Shāktas und Monisten (advaita vedāntins). Sie umfaßt auch die vorwiegend städtischen, modernere Lebensformen berücksichtigenden Reformbewegungen des 19. und 20. Jahrhunderts (s. u. S. 86 f.); ferner die zahlenmäßig so großen und eigenständigen Religionsgruppen der Sikhs, Dādūpanthīs, Svamīnārāyanas und den Rādhāsvāmī-Satsang. Daneben gibt es auch die Anhänger von Heiligen oder Gurus wie Rāmakrishna,

Ramana Maharshi, Shrī Aurobindo, Sai Bābā von Shirdi, Satya Sai Bābā, Rajneesh/Osho, Maharshi Mahesh Yogī, Svāmī Muktānanda, Svāmī Bhaktivedānta Prabhupāda (ISKCON), Svāmī Shivānanda und vielen anderen, deren Mission über Indien hinausgriff und in Europa, Amerika und Asien zahlreiche Anhänger gewonnen hat. Indien ist ein Land, in welchem ständig neue religiöse Initiativen entstehen, von denen manche wieder verschwinden, andere sich langfristig zu etablieren vermögen.

Wie verschieden die wichtigsten der Religionen in ihren theologischen Grundaussagen tatsächlich sind, ist im vorigen Teil schon deutlich geworden. Was also ist angesichts dieser Vielfalt unter „Hinduismus" heute zu verstehen? Die Frage soll in zwei Schritten beantwortet werden. Der erste beleuchtet die ausgesprochen wichtige national-politische Komponente des gegenwärtigen Hinduismus, der zweite die religiöse Praxis.

## 1. Nationale Komponenten des modernen „Hinduismus"

Artikel 25 der indischen Verfassung, welcher der Religionsfreiheit und den diese einschränkenden Rechten des Staates gewidmet ist, enthält in einer Zusatzbestimmung zu Absatz 2 b die Präzisierung, daß im Begriff „Hindu" auch diejenigen inbegriffen seien, die sich zur Religion der Sikhs, Jainas und Buddhisten bekennen. Damit folgt die Verfassung der schon in den zwanziger Jahren des 20. Jahrhunderts vor allem von V. D. Sāvarkar formulierten Forderung, unter Hindutum (*hindutva*) alle Religionen und Weltanschauungen zu subsumieren, die auf indischem Boden entstanden sind und Indien als ihr Heiliges Land betrachten. Damals, im Kampf um die Unabhängigkeit und die künftige Verteilung der Macht, ging es vor allem darum, eine möglichst große Mehrheit von „Hindus" gegenüber den Muslimen zu erreichen, die mehrere Jahrhunderte lang über große Teile Indiens geherrscht hatten. Strategische Überlegungen spielten bei der Definition des Wortes „Hindu" eine entscheidende Rolle. Indem aber später diese Formulierung in die Verfassung und in einen der Religion gewidmeten Artikel Eingang fand, konnten sich Buddhisten, Jainas, Sikhs (und per Analogie auch die Ādivāsis) *de jure* als „Hindus" vereinnahmt fühlen. Hiergegen haben sich bisher nur die Sikhs vor dem Verfassungsgericht erfolgreich gewehrt. Noch zu Beginn des 19. Jahrhunderts bestand unter orthodoxen Brahmanen aller Religionsgruppen kein Zweifel, daß es sich bei den Religionen der Ādivāsis um nicht-vedische Primitivreligionen handele. Mit ihnen in einem Begriff zusammengefaßt zu werden, hätte man wohl als Beleidigung empfunden. Das gilt auch für die Buddhisten, die man immer als Nihilisten (*nāstika*) beschimpft und bekämpft hatte, weil sie weder an die Existenz einer Seele noch an ein jenseitiges Leben glaubten. Solche Bewertungen wurden erst im späten 19. und im 20. Jahrhundert rigoros beiseite geschoben, zunächst um eine gemeinsame Front gegen die britische Kolonialmacht, dann (seit 1947) um eine nationale Einigung zustande zu bringen.

Man muß die Entwicklungen seit dem zweiten Viertel des 19. Jahrhunderts einbeziehen, um diese plötzliche Veränderung zu verstehen. Die erste Phase der Begeisterung britischer Kolonialbeamter für die reiche literarische Sanskrit-Tradition, die sie in Indien entdeckten, war aufgrund sozialer Mißstände einer Ernüchterung gewichen. Christliche Puritaner kritisierten die Vielgötterei, die Idolatrie, die blutigen Opfer, die erotischen Szenen an indischen Tempeln, die Kinderheirat, die Witwenverbrennung und das Kastenwesen. Zudem schien die Religion der Hindus – das Wort Hinduismus kam erst zu dieser Zeit auf – irrational und voller Widersprüche zu sein. Man predigte das Ideal der Nichtverletzung von Lebewesen (*ahimsā*), wurde aber gleichzeitig aufgefordert, Büffel und Ziegen am Altar der Göttin zu opfern. Man forderte strengste Askese und Enthaltsamkeit als Voraussetzung für Selbstvervollkommnung und Erlösung, empfahl aber zugleich Rauschtrank, Sex und den Genuß von Fleisch und Fisch als Mittel zum Erlangen des gleichen Ziels. Die meisten der religiösen Texte waren noch gar nicht veröffentlicht, geschweige denn übersetzt. Aber je mehr Texte man las, desto mehr Widersprüche in der Lehre zeigten sich. Damals glaubten die Europäer noch, die Hindus gehörten alle zu *einer* Religion, genauer: einer Sekte des Heidentums, eben dem Hinduismus. Daß es sich in Wirklichkeit um mehrere Religionen mit z. T. sehr verschiedenen Vorstellungen handelte, hatte man noch nicht bemerkt. Man begegnete einer verwirrenden Vielzahl von Göttern, Sekten, Kasten, Gebräuchen und Ritualen, aber all dies schien eine Einheit zu bilden, denn ernsthafte religiöse Konflikte traten offenbar nicht auf.

Kein Wunder also, daß der Hinduismus als konfuser Wildwuchs unterschiedlichster Spekulationen ohne eine in sich stimmige Theologie und ohne einheitliche Werte und Normen erschien. Achtung, ja Bewunderung hatte man nur für die klassische Dichtung und die ältesten heiligen Schriften der Inder, die Veden, in denen man in romantischer Begeisterung die reine Religion der frühen Menschheit sah. An ihnen gemessen erschien der gelebte Hinduismus mit seiner vielarmigen, vielköpfigen Götterwelt als eine von tropischen Phantasien bis zur Unkenntlichkeit überwucherte und moralisch degenerierte Religion.

Adressaten dieser Kritik waren die Brahmanen und einheimischen Intellektuellen, aber auch das britische Parlament, das wiederholt von den Missionaren aufgefordert wurde, vor allem im sozialen Bereich und in der Bildungspolitik einzugreifen. Dies hatte Folgen. 1829 wurde die Witwenverbrennung gesetzlich verboten; 1831 begann die sich über Jahre hinziehende Ausrottung der mörderischen Sekte der Thags, welche der Göttin Bhavānī (Kālī) Menschenopfer darbrachten; und 1835 wurde das englische Erziehungssystem eingeführt. Aber die Hoffnung des gebildeten indischen Mittelstandes, nun gleiche Chancen auf Ausbildung und Beruf zu bekommen, erfüllte sich nicht. Zu spezialisierten technischen Ausbildungsstätten wurden indische Studenten nicht zugelassen, und höhere Posten in Verwaltung und Armee blieben den Briten vorbehalten. Die rassische Apartheidspolitik der Engländer, die in der viktorianischen Zeit immer deutlicher wurde, trug zu jener Frustration bei, die schließlich in den Kampf um die Unabhängigkeit mündete.

Die Kritik der Europäer an ihrer Religion und an sozialen Mißständen rief in Indien im 19. Jahrhundert eine Reihe von religiösen Reformatoren auf den Plan. Hervorzuheben ist Rām Mohan Roy, der 1828 den Brāhma Samāj in Kalkutta gründete, einige der Kritikpunkte als berechtigt aufgriff (Bilderkult, Kastenwesen, Witwenverbrennung), aber auch auf Mißstände bei den Kritikern hinwies und den reinen Monismus der Upanishaden wiederherzustellen bemüht war. Die Bewegung hatte nach Rām Mohan Roy weitere bedeutende Führer und teilte sich in mehrere Zweige. Großen Einfluß auf die Entstehung eines nationalen Selbstbewußtseins hatte auch Dayānanda Sarasvatī aus Gujarāt, der mit der Gründung des Ārya Samāj (1875 in Bombay) versuchte, die Religion des Veda in neuer, eklektischer und vor allem monotheistischer Form wieder zum Leben zu erwecken. Seine Bewegung war politisch aktiv und prägte den aggressiven Ton der Auseinandersetzung im späten 19. Jahrhundert. Eine bis heute andauernde Wirkung erzielte auch Svāmī Vivekānanda, Gründer der nach seinem Lehrer, dem Mystiker Rāmakrishna, benannten Rāmakrishna Mission (1897 in Belur bei Kalkutta), die, auf der monistischen Lehre Shankaras aufbauend, alle Religionen gelten läßt, aber durch den Gedanken ihrer Einheit im höchsten Brahman überwölbt. Auf diese Weise zeigt sich die monistische Konzeption des Absoluten (*brahman*) als allen anderen historischen Religionen überlegen – ein Standpunkt, den er 1893 mit großer Beredsamkeit und viel Erfolg auf dem Weltkongreß der Religionen in Chicago darlegte.

Gemeinsam ist diesen Reformbewegungen, daß sie zwar christliche Kritikpunkte, nicht aber das Christentum übernahmen, daß sie auf einheimische religiöse Konzepte zurückgriffen, aber diese in Auseinandersetzung mit dem Christentum deutlich veränderten; auch daß sie sich gegen Auswüchse des Kastensystems wandten und großen Wert auf soziales Engagement legten (Schulen, Krankenhäuser, Waisenhäuser). Auf diese Weise entstanden neue Entwürfe eines modernisierten Hinduismus, der sich von irrationalen Elementen befreien und dennoch seine emotionale Wärme und Spontaneität der Gottesbeziehung bewahren sollte. Auch antworteten diese Reformbewegungen auf die Kritik der Christen mit einer Kritik am Verhalten der christlichen Ausbeuter und gaben der Unabhängigkeitsbewegung ein neues Selbstbewußtsein. Das intensive nationale Anliegen, das sich heute mit dem Begriff „Hindu" verbindet, hat seine Wurzeln in jener Zeit.

Neu war im 19. Jahrhundert auch das Bedürfnis nach einer starken zahlenmäßigen Basis. Die britische Administration Indiens reagierte nämlich auf Bitten um Modifizierung von Gesetzen oder Gewährung bestimmter Rechte eher, wenn diese mit dem Druckmittel einer großen Zahl von Stimmen eingefordert werden konnten.

Die wachsende politische Bedeutung statistischer Zahlen im Bereich der Religionsgemeinschaften wurde deutlich, als im späten 19. Jahrhundert der Ārya Samāj, um seine Mitgliederzahl zu vergrößern, mittels eines „Reinigung" (*shuddhi*) genannten Rituals die kollektive Integration von Unberührbaren und dann auch die Rekonversion von Indern praktizierte, die zuvor zum Christentum oder Islam übergetreten waren. Dies führte verständlicherweise zu Spannungen und hatte zur Folge, daß auch die Muslime gezielte Konversionskampagnen bei unterprivilegierten sozialen Schichten starteten. Der Kampf um Mehrheiten war nun in vollem Gange.

Wie groß das politische Gewicht der Mitgliederzahl religiöser Gruppierungen tatsächlich werden kann, zeigte sich auf erschreckende Weise bei der Teilung Indiens, als weite Teile von Britisch Indien in Gestalt von West- und Ostpakistan vom indischen Staatsgebiet abgetrennt wurden, weil sie von einer Mehrheit muslimischer Bürger bewohnt waren. Es mag dahingestellt bleiben, ob eine Teilung Indiens unter anderen Vorzeichen hätte vermieden werden können. Sie stand in den ersten Jahren nach der Gründung der Muslim League noch nicht auf dem Programm, sondern ergab sich erst im Laufe der Zeit aus dem Streit um die Macht, die man von den Briten zu übernehmen hoffte. Allerdings verfolgten auch die Briten eigene Interessen, indem sie die Spaltung förderten. Die Ausschreitungen bei der Teilung selbst, das unsagbare Leid, das damals die neuen Nationen Indien und Pakistan erschütterten, und der anhaltende Konflikt um Kaschmir haben jedenfalls die Kluft zwischen Hindus und Muslimen vertieft.

Muslime gab es in Indien schon seit Beginn des 8. Jahrhunderts. Seit dem 13. Jahrhundert haben sie rund 650 Jahre über fast ganz Nordindien und später auch über weite Teile Zentral- und Südindiens geherrscht. Sie waren zahlreich, machtbewußt, und ihre Oberschicht fühlte sich den Hindus in bezug auf Religion und Kultur überlegen. All das erregte den Unmut eines Teils der Hindus in der indischen Unabhängigkeitsbewegung. Man wollte das Joch der Engländer abschütteln, aber dafür nicht wieder die Herrschaft des Islam eintauschen, von der man erst kürzlich durch die Engländer befreit worden war. Führende Vertreter der 1907 gegründeten Hindu Mahāsabhā (große Vereinigung aller Hindus) wie Vināyak Dāmodar Sāvarkar und nach ihm M. S. Golwalkar strebten ein ausschließlich von Hindus bestimmtes Indien an. Es sollte ein Staat sein, in dem sich endlich wieder das Wesen der Hindus, ihr Hindutum (*hindutva*), frei entfalten konnte. Es sollte zum Dharmakshetra werden, zum Land, in dem der Hindu-*dharma*, also die sozialen und religiösen Normen der Hindus, herrschen. Und dieses Land durfte nicht geteilt werden, sondern sollte ganz Bhārat umfassen, d.h. ganz Indien von den Bergen jenseits des Indus im Westen zu denen von Assam im Osten und vom Hīmālaya im Norden zum Ozean im Süden. Dies gesamte Gebiet gilt als heilige und für die Heilsgewinnung der Hindus bestimmte Erde (*punyabhūmi*). Muslime, Juden und Christen dagegen haben ihr heiliges Land im Vorderen Orient und ihre heiligen Stätten in Mekka, Jerusalem und Rom. Ein entscheidendes Zentrum ihrer Loyalität liegt außerhalb Indiens. Daher sollten sie in Indien bestenfalls Gäste, nicht aber gestaltende politische Kräfte sein. Daß die muslimischen Unterschichten nach ihrer Herkunft und kulturell immer Inder gewesen und geblieben waren und daß auch die aus Arabien, Persien und Zentralasien eingedrungenen islamischen Oberschichten bereits seit Jahrhunderten in Indien seßhaft waren, spielte für diese national-exklusive Doktrin keine Rolle. Ein Gleiches galt für die Christen, die ebenfalls vor allem aus den untersten sozialen Schichten und den Ādivāsīs, den Stammesgruppen Indiens, stammten, aber mit Rom, Jerusalem oder Betlehem ein wenn auch noch so imaginäres Zentrum der Loyalität außerhalb Indiens hatten. Die gemäßigtere Linie von Gandhi und Nehru, die sich in den dreißiger Jahren in der Führung des indischen Nationalkongresses durchsetzte, hat die Teilung Indiens nicht verhindern können. Deshalb blieben für die Hindu-Nationalisten wesentliche Ziele unerfüllt, vor allem dasjenige eines ungeteilten Indiens unter Hindu-Herrschaft.

Die eben geschilderte Entwicklung zeigt, daß sich seit dem Freiheitskampf in Indien mit dem Begriff *hindutva* (der indischen Aneignung des Begriffs „Hinduismus") auch ein politisches Ziel verband. Dies wurde noch deutlicher, als es darum ging, das von den Briten übernommene Erbe zu konsolidieren. Es handelte sich ja nicht um ein gewachsenes Reich, sondern um Beuteland, das die Briten unter ihrer Herrschaft vereinigt hatten. Dieses Gebiet bestand aus vielen, zum Teil sehr alten Regionalreichen mit je unterschiedlicher Geschichte, Sprache, Literatur, Kunst und religiöser Tradition. Diese Beute wieder aufzuteilen, sie den einzelnen Regionen wieder zurückzuerstatten, wäre eine denkbare Option gewesen, hätte aber Machtverlust bedeutet, und Macht abzugeben war niemand bereit. Es galt vielmehr, den mühsam erkämpften Besitz zu einer Nation zusammenzuschweißen, und hier spielte die Religion noch einmal eine entscheidende Rolle. Mit dem oben geschilderten Verfahren, alle Personen als Hindus zu zählen, die sich nicht als Muslime, Christen, Buddhisten, Jainas oder Parsen zu erkennen gaben, erzielte man ein statistisches Ergebnis von fast 80 % Hindus im neuen, von der Mehrheit der Muslime verlassenen Indien. Damit wurden die als „Hindus" definierten Menschen zu einem der wichtigsten, Indien als Nation zusammenbindenden Elemente.

Während Nehru und seine Nachfolger im Amt des Premierministers von Indien einen säkularen Staat anstrebten und sich auf die wirtschaftliche Entwicklung des Landes konzentrierten, blieben die Vertreter einer religiös-nationalen Politik zunächst im Hintergrund. Ihre Aktivisten sammelten sich in der Hindu Mahāsabhā und verschiedenen Vereinigungen religiöser Sektenführer und Asketen. Außerdem breitete sich der 1925 gebildete „Nationale Selbsthilfe-Bund" (Rāshtrīya Svayam Sevak Sangh, RSS) in aller Stille zunächst in Maharashtra und Madhya Pradesh aus und ist heute in ganz Indien aktiv. Diese Formation verfolgt das Ziel, eine Gefolgschaft treuer, national gesinnter, tatkräftiger und auf Mut und Leistung hin trainierter Menschen auszubilden, die gewillt ist, der in Jahrhunderten der islamischen und britischen Fremdherrschaft eingeübten Passivität ein Ende zu bereiten. Aus dieser Kaderschmiede gingen eine Reihe heute aktiver Politiker hervor. 1948 bildete sich ein „Zentralrat zur Förderung der Herrschaft Rāmas" (Rām Rājya Parishad); 1951 wurde der „Indische Volksbund" (Bhāratīya Jan Sangh) als politische Partei gegründet, deren nationalistische Politik seit 1980 von der „Indischen Volkspartei" (Bhāratīya Janata Party, BJP) fortgesetzt wird; und 1964 entstand der „Zentralrat aller Hindus" (Vishva Hindu Parishad, VHP) der als Dachorganisation der Hindus in aller Welt ein breites Netz von Zentren unterhält und ebenfalls den Anspruch erhebt, politisch an der Gestaltung des neuen Indien mitzuwirken.

Seit 1991, als der Werbefeldzug der Bhāratīya Janata Party mit einer feierlichen Wagenprozession (*rathayātrā*) quer durch Nordindien im Namen des Rāmakultes die Demolierung der Moschee in Ayodhyā forderte und dies 1992 auch erreichte, ist der sogenannte Hindu-Fundamentalismus zu einer dominanten politischen Kraft in Indien geworden. Er hat die Partei, die ihn förderte, im Regierungszentrum und in mehreren Regionalparlamenten an die Macht getragen. Die religiös-nationale Bewegung hat damit einen vorläufigen Höhepunkt erreicht.

Welches sind die wichtigsten Elemente, aus denen sich das neue Programm einer nationalen Hindu-Religion speist? Interessanterweise sind es in erster Linie die Epen, also alte höfische Texte, deren primäres Anliegen es war, territoriale Herrschaftsansprüche zu legitimieren. Dies ist das explizite Thema des großen Epos Mahābhārata, das im Konflikt zwischen Machtstreben und Moral den Untergang einer alten Ordnung schildert. Der Text ist jedoch über Jahrhunderte angewachsen und hat neben Mythen und Legenden auch ausführliche Lehren über Recht und Sitte (*dharma*) und über Staatskunst (*nīti*) angefügt. So reich ist dieser Text auch an philosophischen Lehren, daß man ihn als Enzyklopädie traditionellen Wissens betrachten kann. Um Herrschaft geht es auch im jüngeren Epos Rāmāyana, das die Wanderung des verbannten nordindischen Prinzen Rāma nach Süden und seinen Sieg über den auf der Insel Lankā herrschenden „Dämon" Rāvana schildert. Mit Krishna und Rāma tritt in jedem der Epen eine Inkarnation des Gottes Vishnu auf.

Wichtig ist für die neue religiöse Gemeinsamkeit auch die Bhagavadgītā, welche eine Episode des Mahābhārata bildet. Was an diesem Text für die Gegenwart Wirkung zeigte, ist die Aufforderung zu verantwortlichem und selbstlosem Handeln in der Gesellschaft (*karma-yoga*). Zwar offenbart sich in diesem Werk Krishna als höchster Gott, der alle Wesen einschließlich der übrigen Götter hervorbringt und wieder in sich zurücknimmt, aber er bestreitet nicht, daß die an andere Götter gerichteten Gebete und Opfer Wirkung haben: Er selber sei derjenige, der diese Wünsche erfülle. Damit läßt er den traditionellen Kulten ihre Daseinsberechtigung für die einfachen Bedürfnisse des Lebens. Erlösung allerdings findet nur, wer sich Krishna selbst zuwendet (Gītā 7,22–23; 11,23).

Das Tolerieren unterschiedlicher religiöser Überzeugungen und unterschiedlicher ritueller Praxis bestimmt in aller Deutlichkeit die Haltung des nationalen Hinduismus, denn dies bietet die Möglichkeit, der tatsächlichen Vielfalt ihre Würde zu belassen und doch an eine übergreifende Einheit zu glauben. Um solch ein Verfahren zu rechtfertigen, kann man sich auf die Lehre des monistischen Advaita Vedānta berufen, der behauptet, alles Vielfältig-Vordergründige einschließlich der Götter sei nichts als Schein und nur das Brahman besitze unvergängliches Sein. Wenn man heute in Indien von „Veda" spricht, ist meistens diese Lehre der Upanishaden gemeint. Sie hatte einen überzeugenden Vertreter in dem südindischen Philosophen Shankara, der nach neueren Forschungen etwa um 700 n. Chr. lebte (traditionelle Daten: 788–820). Tatsächlich bietet der Advaita Vedānta eine intellektuell befriedigende Lehre, welche die antithetischen Positionen einzelner Religionen in einer übergeordneten Einheit aufzulösen vermag. Für eine nationale Einigungsbewegung ist er daher hilfreich und wird auch heute entsprechend eingesetzt.

Auf Grenzen stößt solch ein Monismus allerdings, wo er auf eine monotheistische Theologie stößt. Er befriedigt die Gläubigen nicht, die mit ihrem Gott in intensiver emotionaler Beziehung stehen und auch nach der Erlösung noch stehen wollen. Ihr Gott ist Geliebter, Partner, Retter, Vater oder Mutter, aber kein bloßes Abstraktum, kein gestaltloses Neutrum, sondern immer Person. Die hier deutlich hervortretende Unvereinbarkeit des monistischen und theistischen Ansatzes bleibt im modernen „Hinduismus" ein ungelöstes Problem.

Es ist interessant zu beobachten, wie sich der politische Hinduismus im 20. Jahrhundert gewandelt hat. Am meisten förderten ihn zunächst die Vishnuiten, die in einer wohlhabenden und politisch engagierten Kaufmannsschicht mächtige Förderer hatten, welche nahe an den politischen Zentren in Nordindien operierten. Daß einige Jahrzehnte später auch die beiden großen, jeweils ein Jahr lang Sonntag für Sonntag ausgestrahlten hindi-sprachigen Fernsehserien zum Rāmāyaṇa und Mahābhārata einen gezielt vishnuitischen und zugleich auf das Feindbild Pakistan und den Kaschmir-Konflikt gemünzten, hoch politischen Inhalt hatten, war gewiß kein Zufall, sondern entsprach dem nationalpolitischen Engagement einer nordindisch-vishnuitischen Oberschicht.

Mit dem Sturz der Kongreßpartei, dem Zerfall der bürgerlichen Koalition und dem politischen Sieg der Bhāratīya Janata Party hat sich im Grunde eine Bewegung durchgesetzt, die offen auf ihre Fahnen geschrieben hat, was schon vor der Unabhängigkeit Indiens im Jahr 1947 als Tendenz sichtbar war: Der Versuch einer Konsolidierung der Macht mit Hilfe eines neuen, religiös bestimmten Einheitsgefühls.

Heute, nachdem sich die Hindutva-Bewegung offener artikulieren kann, zeigt sich ein neues und starkes Interesse an der synkretistischen Verschmelzung der beiden monotheistischen Religionen des Shivaismus und des Vishnuismus. Symbol für diese Verbindung ist das Bildnis des Gottes Harihara, einer Gestalt, die in ihrer rechten Hälfte Shiva, in der linken Vishnu zeigt und von den Reittieren beider Götter flankiert wird. Diese kombinierte Gottesgestalt war einst Symbol der Vereinnahmung und Unterordnung Vishnus durch die Shivaiten. Dargestellt ist Shiva, der den Gott Vishnu in sich enthält – allerdings nur auf der untergeordneten weiblichen Seite, um klarzustellen, wer hier der Herr ist. An Vishnutempeln war diese Figur nie zu sehen. Auch heute findet das neuerliche Auftreten Hariharas an Shivatempeln statt, aber die Absicht der Unterordnung ist den Künstlern nicht mehr bewußt. Im Gegenteil: Auch am Shivatempel will man Vishnu verehren können. Und um dies noch zu erleichtern, werden auch Szenen aus Krishnas und Rāmas Leben an die Wände des shivaitischen Tempels gemalt. Es kommt sogar zu interessanten Neuerungen, die den tatsächlichen religiösen Gegebenheiten besser Rechnung tragen. So schlägt sich die Tatsache, daß in weiten Teilen Nordindiens die Verehrung Krishnas oder Rāmas an die Stelle des Gottes Vishnu getreten ist, auch im Bildnis des Harihara nieder, in dem die vishnuitische Hälfte des Gottes von Rāma oder Krishna eingenommen wird. Charakteristisch für die Tendenz der Zusammenführung unterschiedlicher Stränge der religiösen Tradition ist auch die neuerliche Häufung unterschiedlicher Gottheiten in der *cella* eines Tempels. Das ist vor allem an Tempeln zu beobachten, die nach 1995 entstanden oder renoviert worden sind.

## 2. Religiöse Komponenten des heutigen „Hinduismus"

Die entscheidende Basis aller weiteren Aussagen über den modernen Hinduismus ist die Tatsache, daß sich in Indien trotz oder vielleicht gerade wegen seiner vielen konkurrierenden religiösen Traditionen eine tiefe Gläubigkeit bewahrt hat. Selbst die moderne Wissenschaft und Technik, die sich zur Zeit mit beachtlicher Schnelligkeit in Indien ausbreitet, hat dieser Religiosität keinen Abbruch getan. Die Kanäle, in welche diese Religiosität durch die einzelnen Religionsgemeinschaften gelenkt wird, mögen verschieden sein, ihre Intensität aber ist überall beeindruckend.

Um die Bedeutung dieses Phänomens zu erfassen, muß man sich zunächst nochmals vergegenwärtigen, daß es keine Kirche aller Hindus gibt, keine religiöse Institution, die den Anspruch erheben könnte, eine für alle verbindliche Lehre zu vertreten, keine zentralisierte, von Theologen überwachte Priesterausbildung, die für die Reinerhaltung einer solchen Lehre sorgte, keinen Kodex, der das Ritual vereinheitlichte.

Was bleibt dann als möglicherweise einigendes Band? Da ist zunächst die Gewißheit, daß sich das Göttliche in verschiedenen Formen offenbaren kann. Das mögen Steine, Bäume, Götterbilder oder charismatische Menschen sein, der herausragende Guru vor allem. Die Bereitschaft, den geistigen Lehrer als Autorität, als Sprachrohr Gottes, als Inkarnation oder Manifestation einer Gottheit zu sehen, ihn auch als Mittler oder Gnadenspender anzuerkennen, ist ungewöhnlich groß. Solche Empfänglichkeit für das Spirituelle kommt nicht von ungefähr. Sie setzt eine Weltsicht voraus, in der Materie nicht bloß toter Stoff ist, sondern immer und in all ihren Formen von schöpferischer, gestaltender Kraft durchdrungen wird. Wenn nicht jeder sie sieht oder spürt, so liegt das an abgestumpftem Wahrnehmungsvermögen, an mangelnder oder ungeschulter Sensibilität. Entscheidend für die Wahrnehmung göttlicher Präsenz ist daher das Erlebnis, die Vision, der Einbruch des Übernatürlichen in die gewohnte Umwelt, den einer erfahren hat und den andere ihm bereitwillig glauben.

Solche Bereitschaft zur Anerkennung des nicht oder noch nicht selber Erfahrenen ist u. a. auch Produkt einer Sozialisation, in der zuerst blinde Lernbereitschaft, später erst eigenes Urteil geschult wird. Man lernt fraglos und zunächst verständnislos so erklärungsbedürftige philosophische Werke wie die Yogasūtras oder die Sāmkhyakārikā, so komprimierte, hoch abstrahierte Texte wie die Grammatik des Pānini auswendig, die mehr aus Kürzeln und Chiffren als aus Text besteht, ehe man beginnt, das Erlernte auch zu verstehen. Denn Verstehen geht von der Ganzheit aus: Erst wenn alle Details im Gedächtnis des Schülers so gespeichert sind, daß mit jeder Chiffre auch ihr Kontext, die Gruppe anderer Chiffren, der sie zugehört, greifbar ist – erst dann beginnt unter Anleitung des Lehrers ein ganzheitliches Verständnis, das alle Teile sinnvoll verknüpft. Dann allerdings bricht dieses Verständnis um so schneller und intensiver ein, weil kein Detail zum Verständnis fehlt.

Gemeinsam ist den Hindu-Religionen auch die schon aus vedischer Zeit ererbte Erkenntnis, daß der Mensch in einen kosmischen Gesamtzusammenhang eingebettet ist, in dem er eine Aufgabe zu erfüllen hat. Damals glaubte man, er sei Glied einer Nahrungskette, die von den Göttern ausgeht, welche Regen, Licht und Fruchtbarkeit spenden, so daß Pflanzen wachsen, die den Tieren und Menschen als Nahrung dienen. Die Tiere wiederum bieten anderen Tieren und Menschen Nahrung. Was aber ist der Beitrag des Menschen? Seine Aufgabe ist es, den Nahrungskreislauf zu schließen, indem er durch seine Opfer die Ahnen und Götter speist, so daß diese wieder Segen und Fruchtbarkeit zu spenden vermögen. Diese archaische Weltsicht mag sich inzwischen längst gewandelt haben. Geblieben ist aber das Bewußtsein, daß Menschen, Götter und Ahnen eine Opfergemeinschaft bilden, in welcher den Menschen die Rolle des Gastgebers zukommt.

Gemeinsam ist den Hindus – allerdings mit Ausnahme der Ādivāsīs und der Mehrheit der untersten sozialen Schichten, die einen großen Bevölkerungsanteil bilden – außerdem die Vorstellung, daß der Tod nur eine Zäsur darstellt in einer Kette von vielen aufeinanderfolgenden Leben. Zu dieser Idee von der Wiedergeburt gehört auch die Lehre vom Karma, derzufolge das eigene Handeln, sofern es sich nicht schon in diesem Leben in Form von Glück oder Leid auswirkt, seelische Prägungen hinterläßt, die sich auf die Qualität des nächsten Lebens auswirken. Gutes Karma führt zu einer Besserung, schlechtes zu einer Minderung der Lebensumstände und der Aussicht auf Erlösung. Diese durch Karma verursachte Ungleichheit der Menschen rechtfertigt auch heute noch in den Augen der Hindu-Oberschichten ihre eigenen Privilegien und die Armut und Dienstleistungen der Unterschichten. Gegen die Lehre einer strengen, durch Karma automatisierten und in positiver wie negativer Hinsicht stets den Täter selber treffenden Gerechtigkeit steht allerdings die Überzeugung der drei großen monotheistischen Religionen Vishnuismus, Shivaismus und Shāktismus, daß die höchste Gottheit in ihrer Gnade selbst den schlimmsten Sünder jederzeit von allem schlechten Karma zu reinigen und zu erlösen vermag. Auch haben etwa die Vīrashaivas schon seit ca. 1150 die Kastenunterschiede abgeschafft, weil vor Gott nur die Reinheit des Herzens und die Intensität des Glaubens zählt. Und dies ist im Prinzip die ursprüngliche Tendenz all derjenigen Hindu-Religionen, die in der dienenden und liebenden Hingabe an die Gottheit, in Bhakti, die wichtigste Voraussetzung für die Erlösung sehen. Nur erwies sich die Kastenstruktur der Gesellschaft in vielen Fällen als stärker als das egalitäre Ideal der Gottesliebe; und je größer der Anteil der Oberschichten in diesen Glaubensbewegungen wurde, desto weniger gelang es, die Kastenstruktur abzuschütteln.

## a) Die Kaste: varna und jāti

Mit der Kaste gelten auch noch die Rechte und Pflichten, die traditionellerweise den Kasten zugeordnet waren. Der Dharma, d.h. der gesamte Bereich der Normen, Pflichten, Verhaltensregeln, Erziehungsgrundsätze und Berufsbilder des zivilen Bereichs – also Zivilrecht, Sitte, Beruf und Religion –, ist in hohem Maße kastenspezifisch konzipiert. Dabei ist zu unterscheiden zwischen zwei verschiedenen, aber parallel laufenden Kategorien der sozialen Differenzierung. Die erste teilt die Gesellschaft in vier soziale Schichten oder Stände ein, die mit dem Sanskritwort *varna* = Farbe bezeichnet werden und Brahmanen (*brāhmana*), Krieger (*kshatriya*), Kaufleute und selbständige Bauern (*vaishya*) sowie Handwerker und Dienstleistende (*shūdra*) unterscheiden. Als fünfte Schicht (*pancama*) wurde die große Gruppe derer bezeichnet, die aus verschiedenen Gründen kastenlos war: die Stammesangehörigen, die Nachkommen aus nicht erlaubter Kastenmischung und diejenigen, die aufgrund einer Schandtat aus ihrer Kaste ausgeschlossen wurden. Dieser fünften Schicht, den Kastenlosen, gehört noch heute der Großteil der abhängigen Landarbeiter sowie derjenigen Berufsgruppen an, die „unreine" Aufgaben wie das Beseitigen von Kadavern, das Reinigen von Toiletten oder das Häuten von Tieren und Gerben von Leder oder Herstellen von Schuhen zu erledigen haben. Der Vielfalt und starken Differenzierung innerhalb dieser fünften Schicht der Kastenlosen entspricht die heute meist gebrauchte Bezeichnung als „scheduled tribes and other backward castes", also der amtlich erfaßten Stämme und anderen rückständigen Kasten.

Dies Varna-Modell einer geschichteten Gesellschaft entspringt dem Versuch der Brahmanen gegen Mitte des ersten Jahrtausends v. Chr., die im von Ariern besiedelten Raum in Nordindien zu jener Zeit existierende Gesellschaft in Kategorien zu ordnen. Es wurde in den folgenden Jahrhunderten verfeinert (die Pancama-Gruppen waren ursprünglich nicht vorgesehen) und erhielt eine überaus starke, religiös untermauerte und bis heute bestehende normative Bedeutung, obwohl manche dieser Kasten, z. B. die Kshatriyas und ursprünglich auch die Brahmanen, in Südindien gar nicht existierten.

Neben dieser generellen, vorwiegend ideologisch orientierten Einteilung der Gesellschaft in Schichten unterschiedlichen Sozialprestiges existiert noch eine zweite, weit differenziertere, welche die Gesellschaft in Tausende von Jātis (Geburt, fiktive Abstammungslinien) aufgliedert. Diese verzweigen sich weiter in historisch besser greifbare genealogische Einheiten, die ebenfalls die Bezeichnung Jāti tragen. Der Census zählt rund 3000 übergeordnete Jātis und rund 25 000 Untergruppen. Diese letzteren spielen im sozialen Gefüge der Dörfer und Städte die wichtigste Rolle. Sie verteilen sich auf die vier Schichten (*varna*), so daß jeder Varna in viele hierarchisch abgestufte Jātis untergliedert ist. Und da diese in der Regel beruflich spezialisiert waren, der Sohn also den Beruf des Vaters erlernte und fortsetzte, hatten die Jātis meist auch deutliche berufliche Bezüge. Innerhalb einer Jāti gibt es unterschiedliche ideelle Deszendenzgruppen (*gotra*). Diese sind exogam, die untere Jāti dagegen ist im Prinzip endogam. Man sucht sich also seinen Ehepartner aus einem anderen Gotra der gleichen Jāti. Falls aber – was eher die Ausnahme ist – ein Ehepartner außerhalb der eigenen Jāti in Betracht kommen sollte, so wird vor allem auf gleichen sozialen Status geachtet.

Was als statusmäßig vergleichbar angesehen werden kann, ist unter den Jātis weit weniger strikt festgelegt als die Hierarchie unter den Varnas. Die Jātis stehen in bezug auf ihr Sozialprestige in Konkurrenz miteinander, und jede Veränderung ihrer wirtschaftlichen Situation wirkt sich auch auf die soziale Wertigkeit aus. Steigt eine Jāti innerhalb eines Varna zur höchsten Position auf, so stößt sie dort zwar theoretisch an die Grenze ihrer sozialen Mobilität, aber *de facto* ist auch diese Grenze in der Geschichte schon oft überschritten worden. Dazu sind allerdings Strategien erforderlich, die nicht nur die Mitwirkung von (bestechlichen) Brahmanen umfassen, die sich zur Legitimierung eines solchen Statuswechsels bereitfinden, sondern auch eine Anpassung an bestimmte Reinheitsvorschriften und an Formen des Rituals beinhalten, die für den höheren Varna als verbindlich gelten. Es gab trotz des theoretisch rigiden Kastensystems schon immer soziale Mobilität. Für die Frauen war sie durch Heirat in eine höhere Kaste möglich, für die Männer nur durch Aufstieg der gesamten Jāti oder durch Bildung einer neuen Jāti auf höherer Ebene.

Es beeinträchtigt die Durchsichtigkeit dieser zweistufigen hierarchischen Struktur der Gesellschaft für Außenstehende, daß es sich eingebürgert hat, sowohl das Wort Varna als auch das Wort Jāti mit „Kaste" zu übersetzen und damit die Strukturen weitgehend zu verwischen. Das Wort „Kaste" (ursprünglich von lat. *castus* = rein, keusch) wurde aus dem Portugiesischen übernommen, wo es eine „Gattung" oder „angeborene Art" bezeichnete. Es erfaßt sowohl den Aspekt der angeborenen rituellen Reinheit, der im Varna-Begriff eine wichtige Rolle spielt, als auch den Aspekt der durch Abstammung und Beruf bestimmten Interessengemeinschaft, die im Begriff Jāti (= Geburt) vorherrscht.

Damit verdeckt das Wort „Kaste" die Tatsache, daß sich die Sozialstruktur Indiens aus zwei verschiedenen Hierarchien ergibt. Die erste entstand in spätvedischer Zeit, als die arischen Eroberer bereits tief in den indischen Subkontinent eingedrungen waren. Sie bildeten eine Minderheit und versuchten, sich durch eine Apartheidspolitik vor dem Aufgehen in der Masse der Bevölkerung zu bewahren. Dabei kam es vor allem darauf an, ihre Sieg und Macht sichernden rituellen Beziehungen zu den Göttern nicht durch Vermischung mit den Andersgläubigen zu gefährden: Nur die drei oberen Kasten galten aufgrund ihrer religiösen Praxis als rein genug für das Opfer und durften die heiligen Texte hören und an öffentlichen Opfern teilnehmen, nicht aber die große Masse der unterworfenen einheimischen Bevölkerung, welche in der vierten Kaste zusammengefaßt war. Sogar unerlaubtes Hören einer vedischen Rezitation wurde mit schwerer Strafe bedroht.

Die zweite Hierarchie ist das Produkt einer betont arbeitsteiligen Gesellschaft, einer langen Geschichte von Eroberungen, Vertreibungen und innerindischen Wanderungen sowie zahlreicher Wellen von Einwanderern vor allem aus dem Westen, aber auch aus dem Norden und Osten. Und diese Vielfalt wurde noch komplexer durch die allmähliche Entstehung, sektarische Ausdifferenzierung und gegenseitige Abgrenzung verschiedener Religionen. So spiegeln die Jātis die wechselhafte Geschichte und den Wettbewerb unterschiedlicher Gruppen um Anteile an begrenzten Ressourcen und gesellschaftlicher Macht.

Das Kastensystem in dieser doppelten Form bindet die Hindus noch heute in eine vorgegebene Sozialstruktur ein, trennt sie aber auch rigoros in unterschiedliche Schichten mit sehr verschiedenen Lebensformen, Bildungsvoraussetzungen und wirtschaftlicher Basis.

Der Zugehörigkeit zu derart separierten gesellschaftlichen Einheiten entspricht natürlich auch die im frühen Kindesalter beginnende Sozialisierung in die jeweilige Religionsform, die im Elternhaus und in der Kaste vorwiegend praktiziert wird. In der Familie erlernt man die Pflichten (*dharma*) der eigenen Kaste sowie (in den Oberkasten) diejenigen der vier Lebensstadien als Student (*brahmacārin*), Familienvater (*grihastha*), Waldeinsiedler (*vanaprastha*) und Sannyāsin, der alle Bindungen aufgibt und wandert bis zum Tode. Die beiden letzten Stadien sind heute selten geworden.

Parallel zur Sozialisation in der Familie erfolgt die Wahrnehmung anderer sozialer Gruppen, anderer Religionsformen und unterschiedlicher Privilegien. Selbst bei gleicher religiöser Überzeugung haben einige Zutritt zum innersten Heiligtum des Tempels, andere aber nicht. Und da die Fähigkeit zu lesen vor allem unter den Armen noch begrenzt ist, erfolgt religiöse Bildung vor allem über Mythen und Legenden, die von den Großeltern erzählt oder von Vorlesern am Tempel rezitiert werden. Die mündliche Tradition – und das heißt auch die Auswahl aus der Fülle der Mythen und Heiligengeschichten – formt die individuelle Religiosität: die Tradition der Familie, der Kaste, des Dorftempels. Aber das Dorf hat meist mehrere Tempel, die unterschiedlichen Göttern geweiht sind. Der Pluralität der Gesellschaft entspricht die der Götter. Man hat die Wahl, welcher der Gottheiten man seine Wünsche vorträgt, an welche man seine Gebete richtet, wenn diese Wahl auch meist durch die Tradition der Familie begrenzt ist.

Auf dem Hausaltar findet sich zunächst und vor allem die Familiengottheit (*kuladevatā*), der schon die Vorfahren ihre Verehrung darbrachten, die für das Wohl der aufeinanderfolgenden Generationen zuständig ist und der man auch dann Verehrung entgegenbringt, wenn man sich persönlich einer anderen Gottheit zugewandt haben sollte. Ist letzteres der Fall, so tritt auf dem Hausaltar neben die Familiengottheit auch die für das eigene Opfer erwählte Gottheit (*ishta devatā*), die man im Kult und für das eigene Seelenheil als zentrale Gottheit anerkennt. Ferner stehen dort auch die Gottheiten, welche die Mutter und Großmutter oder Urgroßmutter in die Familie gebracht haben. Man heiratet nämlich zwar innerhalb des gleichen Standes (*varna*) und der gleichen Deszendenzgruppe (*jāti*) und achtet in wirtschaftlicher Beziehung auf eine möglichst gleiche oder bessere Partie, ist aber nicht in allen endogamen Gruppen gezwungen, auch auf der gleichen Religionszugehörigkeit zu bestehen. Die Frau paßt sich im Familienritual der Religion des Ehemanns an, bringt aber ihre eigene Gottheit ebenfalls mit. So füllt sich der Hausaltar im Laufe der Generationen, denn wer da ist, bleibt da und wird im Ritual selbstverständlich mit bedacht. Das gilt auch, wenn man überzeugt ist, daß es nur *einen* höchsten Gott gibt und sich diesem Einen mit ganzer Seele zuwendet. Man weiß dann, daß alle anderen Götter nur Geschöpfe des Höchsten sein können und einer niedrigeren Ebene in der Hierarchie der Wesen angehören. Dennoch haben auch sie mehr Macht als die Menschen und können Segen spenden oder Unheil abwehren. Daher wirkt auch der monotheistische Ansatz nicht notwendigerweise exklusiv, sondern inklusiv.

## b) Die Volksreligion

Die Volksreligion ist in Indien alles andere als einheitlich. Je nach Region herrschen unterschiedliche Gottheiten, die sich nach Name, Mythos und Temperament unterscheiden. Nur eines ist ihnen gemeinsam: Sie sind mächtig, bald gütig, bald gefährlich, und diese Macht ist präsent in Bereichen, welche die täglichen Bedürfnisse im ländlichen Lebensraum Indiens unmittelbar berühren. Was hier Angst auslöst, hat sich seit Jahrtausenden nur wenig verändert; was hier ersehnt wird, ist lebensnah und körperbezogen: den Hunger zu stillen, den Durst zu löschen, die Krankheit zu bannen und den Tod fernzuhalten.

Die Menschen auf dem Lande in Indien sind trotz aller inzwischen zur Verfügung stehenden technischen Hilfsmittel noch immer in hohem Maß abhängig von der Natur. In den Reisbaugebieten wird der Reis, kurz bevor der Monsun ausbricht, in kleine, künstlich bewässerte Felder gesät. Ist er 20–30 cm hoch gewachsen, muß er in die großen, inzwischen vom

Regen aufgeweichten Felder ausgepflanzt werden. Bleibt aber der Monsun aus oder kommt er auch nur zwei Wochen zu spät, so stirbt mit der Aussaat auch die Hoffnung der durstigen, hungrigen Menschen. Kommt dagegen der Monsun zu schnell oder zu heftig, so führt er die pulvertrockene Erde mit sich fort, reißt Hütten, Habe und Haustiere der Bauern mit sich und begräbt Leben, Besitz und Hoffnung im Schlamm einer unerbittlichen Katastrophe.

Gefahren lauern schon bei der Geburt eines Kindes und verfolgen den Menschen das ganze Leben hindurch. Cholera, Malaria oder gar Lepra waren und sind vielerorts tückische Feinde. Armut und Elend gibt es an jeder Ecke. Schlangen, unbefriedete Ahnengeister und blutdürstige Dämonen machen die Wege unsicher. Tagsüber vertreibt zwar die Sonne das lichtscheue Gesindel, saugt aber im April bis Juni durch ihre sengende Hitze die letzte Kraft aus den dürstenden Menschen. Die Bedrohung ist ständig gegenwärtig. Sie macht die Bewohner hilflos und schutzbedürftig, und dieses Bedürfnis bietet einer Reihe von Gottheiten einen Wirkungsraum, die in Bäumen, Steinen, Felsen und Quellen verehrt werden und die man besänftigen muß, damit sie kein Übel senden. Hier kommt das größte Gewicht den jeweils eine begrenzte Region beherrschenden Gottheiten zu, die oft auch Klanggottheiten sind.

Neben diesen Regionalgottheiten gibt es andere, die weiter verbreitet sind. Unter den mächtigen Gottheiten des Waldes ragt z. B. Vana Durgā hervor, eine Göttin, die das Dorf vor den Gefahren des umgebenden Waldes zu schützen vermag, wenn man sie richtig verehrt. Der Vana Durgā werden Tonpferde als Gaben gespendet, was wiederum dem Spender als Gegengabe Fruchtbarkeit sichert.

Besonders wichtig angesichts zunehmender Motorisierung in Indien ist die Göttin Bata Mangalā, „die Heilvolle des Weges", welche die Gefahren der Straße von dem Reisenden abwendet. Sie hat ihren Sitz gewöhnlich in einem kleinen Schrein an den großen Ausfallstraßen wichtiger Orte, ferner da, wo die Landstraße das bebaute und bewohnte Gebiet verläßt und in gefahrvolle Dschungelgegenden führt, und auf Paßhöhen, wo die gefährliche Talfahrt beginnt.

Bata Mangalās Name ist ein Euphemismus, denn sie ist Herrin über alles Unheil, das einem unterwegs widerfahren kann, vom Zusammenbrechen des Ochsenkarrens oder des Autos über den Verlust der Habe und der Gesundheit bis hin zum Verlust des Lebens. Läßt sie sich durch ein Opfer besänftigen, so hält sie solches Unheil gnädig zurück.

Wichtig für das Wohlergehen sind auch zahlreiche Krankheitsgöttinnen wie z. B. Shītalā, „die Kühle". Sie ist die Göttin der Pocken, eine gefährliche, oft todbringende Dame, die auf einem Esel reitend dargestellt wird. Tod bringen oder abwehren kann auch Mānasā, welche die Gestalt einer Schlange hat und als Herrin über das Schlangengift gilt. Und bei Geburten wird Shashthī verehrt, „die Herrin des sechsten Tages". Sie verkörpert jene Macht, die über Leben oder Tod eines neugeborenen Kindes entscheidet. Hat es den sechsten Tag, den letzten Tag ihrer Herrschaft, überlebt, so ist die schlimmste Gefahr für das Kind überstanden. Shashthī war gnädig und hat die Gebete erhört und die Gaben angenommen, die ihr gespendet wurden.

Daß Göttinnen besonders gefürchtet werden, hat mit einer alten Wahrnehmung des Weiblichen als etwas Gefährlichem zu tun. Die Erde als Prototyp alles Weiblichen macht jene Ambivalenz bereits deutlich, die dem mütterlichen Aspekt des Weiblichen, der Fruchtbarkeit, dem Gebären und Beschützen einen anderen unheimlichen Aspekt entgegensetzt, nämlich das Verweigern der Nahrung, das Grab und das Verschlingen der eigenen Geschöpfe. So sind denn die Göttinnen zwar Mütter, aber sie sind potentiell alle gefährlich. Sie dürsten nach Blut und nehmen es sich, falls man es ihnen nicht freiwillig gibt. Sie gewähren Glück – aber oft nur, wenn man ihre dunkle Seite kennt und sie durch Tieropfer rechtzeitig beschwichtigt. Der Shāktismus (siehe oben) hat die Göttin zum höchsten Prinzip erhoben, aber den Doppelaspekt von Leben und Tod konnte er ihr nicht nehmen.

Wichtig sind in der Volksreligion ferner die Ahnengeister, deren Macht zwar begrenzt, deren Wirken für das Wohl oder

Wehe der Familie aber dennoch nicht zu unterschätzen ist. Werden sie rituell mit Trank- und Speiseopfern ausreichend versorgt, so tragen sie im Rahmen ihrer Möglichkeiten für gesunde Nachkommen, Wohlstand und Glück der Familie bei. Werden sie aber rituell vernachlässigt, so rächen sie sich an den treulosen Hinterbliebenen durch Krankheiten, durch Verlust oder Tod von Haustieren, durch Vernichtung der Ernte oder noch Schlimmerem. Eine besondere Rolle spielen diejenigen Helden, die im Versuch, ihr Dorf, ihre Familie, ihre Herden und ihren sonstigen Besitz gegen Räuber zu schützen, das Leben verloren haben. Sie nehmen diese Schutzfunktion weiterhin wahr und werden zu niederen Gottheiten, zu Flurwächtern, die ihr Dorf gegen äußere Feinde und wilde Tiere sichern. Solche Kshetrapāla genannten „Flurwächter" werden verehrt und können in Einzelfällen über bloße lokale Bedeutung hinauswachsen und sogar in größerem regionalem Rahmen Beachtung finden.

Eine weitere Klasse von mächtigen Wesen, welche ursprünglich menschliche Helden oder Sonderlinge waren und nach ihrem Tod von anderen Menschen Besitz ergreifen und sich durch Besessenheitsphänomene und durch gehäufte Unglücksfälle Verehrung erzwingen, sind die Bhūts – Totengeister, die sich einen Herrschaftsbereich zwischen den Menschen und Göttern schaffen und bestimmend auf das Alltagsleben eines Dorfes einwirken können.

Noch mächtigere Wesen sind die Yakshas und Nāgas. Ihr Wirkungsbereich ist die von den Menschen bewohnte Landschaft: Die Berge mit den in ihnen verborgenen Schätzen von Edelsteinen und kostbaren Metallen, die Flüsse, die Quellen und unterirdischen Wasser, die Winde und Stürme, Wolken und Blitze. Dies sind Gottheiten von weiter ausgreifender Macht, weil sie die Elemente durchdringen und beherrschen. Auch sie sind lokal zu orten und lokal zu verehren, aber das Geflecht ihrer Beziehungen reicht über den lokalen und regionalen Rahmen hinaus. So galt z. B. der Yaksha Kubera, der hoch im Norden wohnt und über alle Schätze gebietet, als König unter den Yakshas.

Wichtiger als die Yakshas sind jedoch heute die Nāgas, die „Schlangen". Als Kobras mit – je nach Rang – einer bis sieben Hauben dargestellt, können sie ein menschliches Gesicht, einen menschlichen Oberkörper oder eine ganze menschliche Gestalt haben, bleiben aber immer durch die Schlangenhaube erkennbar. Die Nāgas wurden frühzeitig in die aufstrebenden Religionen des Shivaismus und des Vishnuismus integriert, bewahren aber auf lokaler Ebene ihre Unmittelbarkeit und Eigenständigkeit. Auch die Nāgas sind ein mächtiges Geschlecht und besitzen ihr eigenes Reich in der Unterwelt, *pātālaloka* genannt. Auf ihren Kobrahauben tragen die Nāgas leuchtende Juwelen. Und wie der heilige Nārada berichtet, der auf seiner Wanderung durch die Welten auch zu den Nāgas kam, ist ihre Hauptstadt aus Kristallen und Edelsteinen erbaut und noch schöner und strahlender als die himmlische Stadt der Götter.

Den Menschen sind die Nāgas aus mehreren Gründen heilig. Schon ihr tödlicher Biß fordert Respekt und äußerste Achtsamkeit. Auch ihre Nähe zu den großen Göttern zeigt ihre einflußreiche Position: Dienen sie doch dem Shiva als Halskette, Gürtel, Ohrring und Armreif sowie als Wächter für sein Kultbild, das Linga; dem Vishnu als Schlaflager und Thronsitz; und der ganzen Erde als tragende Basis – letzteres, weil man sich die Erde als Stirnjuwel auf der mittleren Haube des Schlangenkönigs Vāsuki vorstellte. Vor allem aber gilt die Schlange als überaus reproduktionsfähig und wird daher als Fruchtbarkeit spendende Macht verehrt, welche in der Lage ist, kinderlosen Menschen Nachkommenschaft zu gewähren. Schon früh wurde die Schlange auch zum Symbol für die Wiedergeburt. Wie sie ihre alte Haut einfach abstreift und verjüngt weiterlebt, so, sagten die Brahmanen, streift auch die Seele ihren ausgedienten, alten Leib ab, um verjüngt in einem neuen Leibe weiter zu existieren.

Die wichtigsten Unterschiede zwischen der Volksreligion und den anderen Religionen Indiens lassen sich in folgenden sechs Punkten zusammenfassen: 1) Volksreligion ist lokale Religion, eventuell regionale Religion. Sie ist ortsgebunden und beansprucht keine Universalität. 2) Die Volksreligion besitzt keine Theologie, d.h. sie reflektiert nicht über die Götter, faßt sie und ihren Bezug zur Welt nicht in einen theoretischen Rahmen. Sie reflektiert auch nicht über den Menschen, seine Herkunft und seine Aufgabe. Götter, Menschen und Welt werden als gegeben hingenommen. 3) Sie besitzt folglich auch keine ausgebildete Kosmogonie, keine Anthropologie, keine Heilsgeschichte, keine über den Ahnenkult hinausgehende Jenseitserwartung. Was an Elementen dieser Art heute in den Volksreligionen zu finden ist, ist über die umgebenden Hochreligionen eingedrungen. 4) Der Gefahr abwehrende, apotropäische Charakter jeder Religion tritt in der Volksreligion besonders unverhüllt zutage. Angst und Gefahr für gegenwärtiges Leben, Hunger, Durst, Krankheit und Tod sind die treibenden Faktoren religiösen Handelns. Ein Jenseits tritt nicht oder nur schattenhaft in ihren Gesichtskreis. 5) Auch die Gottheiten oder übermenschlichen Mächte sind diesseitig. Sie bewohnen die Erde, ihre Berge, Gewässer und unterirdischen Gemächer. Sie sind stärkere Mitbewohner der gleichen Lebenswelt, in der sie Ansprüche stellen können, denen die Menschen sich anpassen müssen. 6) Die Gottheiten der Volksreligion verlangen Verehrung und Opfer, sind aber im allgemeinen keine Gesetzgeber. Das ist auffallend, weil die Setzung und Sicherung sozialer Normen gewöhnlich als wesentlicher Bestandteil von Religionen angesehen wird. Der Grund für das Fehlen dieser Funktion liegt vor allem in der Tatsache, daß die Gottheiten der Volksreligion untereinander nicht koordiniert sind. Jede ist für sich machtvoll, hat aber mit allen anderen wenig zu schaffen. Jede fordert etwas, aber es ergibt sich daraus kein einheitliches Gesetz. Die gesetzgeberische oder Normen sichernde Funktion von Religion wird daher ersetzt durch die Lebensweise der Ahnen, durch die von ihnen stammende und von den Alten vermittelte Tradition.

### c) Das brahmanisch geprägte Ritual

*Menschliche Zeit und kosmische Zeit.* – Es existiert kein einheitliches Ritual für die Religionen des modernen Hinduismus.

Zu verschieden sind die in ihm enthaltenen Religionen, zu groß auch die Differenzen der Lebensumstände und die Sozialisation der Gläubigen zwischen den obersten und den niedrigsten Schichten der indischen Gesellschaft. Aber keine der zahlreichen Religionsgemeinschaften, die man heute im Wort „Hinduismus" zusammenzuschließen versucht, kommt ohne Riten aus. Diese bilden ein einigendes Band innerhalb der Familie (*kula*), der Deszendenzgruppe (*jāti*), der Religionsgemeinschaft (*dharma, sampradāya*) und der sozialen Schicht (*varna*). Das Leben jedes einzelnen ist von ihnen geprägt, denn im Extremfall wird bereits von der Zeugung eines Kindes bis zum Tode jeder wichtige Abschnitt der Entwicklung durch Riten beschützt und gelenkt, aber auch jede ernste Bedrohung durch Riten abgewendet. Solche Rituale sind in der Brahmanenkaste am zahlreichsten und elaboriertesten, in den niedrigsten Schichten sind sie anders, viel seltener und weniger aufwendig.

Riten gliedern nicht nur das Leben des Individuums in den Stadien seiner physischen, sozialen und religiösen Entwicklung, sondern sie akzentuieren auch alle wichtigen Zäsuren im Jahresablauf und halten diese dadurch ständig im Bewußtsein wach: Das Jahr erscheint als ein sich drehendes Rad der alles gebärenden, alles zerstörenden Zeit, die nicht gleichförmig verläuft, sondern mit Jahreszeiten, Solstitien, Äquinoctien und dem Eintritt der Sonne in unterschiedliche Sternzeichen rhythmisch strukturiert ist. Eingeschrieben in dieses Sonnenjahr mit seinen größeren Rhythmen ist jedoch der Lauf des Mondes mit seinen kürzeren Rhythmen von vier Mondphasen und 30 Mondtagen (*tithi*), an denen sich die rituelle Zeitrechnung des privaten und öffentlichen Rituals vor allem orientiert. Diese Tithis sind in zwei Gruppen unterteilt, die als helle und dunkle Monatshälfte einander gegenüberstehen. Die helle Monatshälfte beginnt mit dem ersten Tithi nach Neumond und endet mit Vollmond, die dunkle beginnt unmittelbar nach Vollmond und endet mit Neumond. Da ein Tithi kürzer ist als ein Tag von 24 Stunden, entsprechen 30 Mondtage etwa 28 Wochentagen. Die Bezeichnung „Tag" für Tithi kann also irreführend sein.

Die generelle Orientierung des Rituals am Zyklus des Mondes erfolgt natürlich nicht ohne die Koordination mit dem Sonnenzyklus durch Schaltmonate und mit Rücksicht auf die besonderen Konstellationen der anderen Planeten. Das beängstigende Ereignis der Sonnenfinsternis und das häufigere Auftreten der Mondfinsternis sind Stichtage für intensive rituelle Aktivität zum Schutz der beiden wichtigsten Spender des Lichts und der Erkenntnis. Der Mensch hat nicht nur Teil am kosmischen Geschehen, er trägt auch Mitverantwortung für seinen ungestörten Verlauf, und diese Mitverantwortung äußert sich in seiner auf die Minute genau berechneten Opfertätigkeit zur Unterstützung der Götter, welche die kosmische Ordnung überwachen.

Die Götter selbst, deren Leben und Wirken in zahlreichen Mythen beschrieben wird, sind mit ihren Geburtstagen, ihren kosmogonischen Heldentaten, ihren erfolgreichen Kämpfen gegen die Dämonen und mit ihren Ruhepausen oder Zeiten der meditativen Versenkung in diese komplexe Struktur der rituellen Jahresfeste eingebunden. Bei den Vishnuiten werden die Erlebnisse Krishnas und Rāmas im Jahresverlauf detailliert abgebildet und rituell vergegenwärtigt, bei den Shivaiten die Taten von Shiva, Durgā, Ganesha und Kārttikeya, in den Volkskulten gibt es Feste für zahlreiche regionale und lokale Gottheiten.

Es darf auch nicht vergessen werden, daß die verstorbenen Ahnen auf ihre Weise ebenfalls leben und mit ihren Nachkommen kommunizieren. Nach einigen Religionen befinden sie sich auf Dauer in einer durchaus der menschlichen vergleichbaren Gegenwelt, nach anderen nur vorübergehend bis zu ihrer Wiedergeburt. In manchen der Stammesreligionen steht die enge Verbindung mit den Verstorbenen deutlich im Zentrum der religiösen Praxis, und das direkte Gespräch mit ihnen, das über ein in Trance befindliches Medium erfolgt, hat entscheidenden Einfluß auf die Bewältigung von Leid und unerwartetem Tod und auf die Überwindung gruppendynamischer oder individualpsychologischer Spannungen.

Besessenheit als Ausdruck ungelöster oder unerträglicher Probleme im individuellen oder sozialen Bereich ist auch in der

Volksreligion häufig. Ob die Heilung über einen Exorzismus oder über die Intervention eines Mediums erfolgt, hängt von der regionalen Variante der Volksreligion ab. Das Ritual richtet sich meist an mächtige Devs, Devtās, Pīrs oder Bhūts, d.h. an niedrige Gottheiten oder vergöttlichte Menschen, sowie an die Geister oft gewaltsam umgekommener Menschen (oder Tiere), die als unbefriedete Zwischenwesen Macht gewinnen. Da sie den Menschen am unmittelbarsten gefährlich werden können, von ihnen aber, wenn sie durch Verehrung und Gaben befriedigt werden, auch am ehesten die Abwehr von Gefahren erhofft werden kann, kommt ihrem Kult eine bedeutende Rolle zu.

Das ist in der brahmanisch dominierten Religion der Kastenhindus zwar weniger der Fall, aber auch hier wird der Verstorbenen mit täglichen, monatlichen und jährlichen Speise- und Trankopfern gedacht. Bei allen wichtigen Ritualen erhalten sie zusätzlich einen eigenen Anteil, und im Herbst (Oktober/November) gibt es eine Zeit, in der sie aus der Welt des Todesgottes Yama für einen bis drei Tage entlassen werden, um ihre Verwandten zu besuchen. Dies gehört zum alten Erbe aus indoeuropäischer Frühzeit und hat im europäischen Totengedenken zu Allerseelen seine Entsprechung. Zu dieser Zeit wird den Verstorbenen eine intensive rituelle Begegnung mit ihren Nachkommen ermöglicht.

Das Ritual nimmt auch darauf Rücksicht, daß menschliche Zeitbegriffe nur für Menschen gelten, nicht aber für Götter und Ahnen. Ein Monat der Menschen ist nur ein Tag für die Ahnen, und da sie nach spätvedischer Vorstellung bis zu ihrer Wiedergeburt auf dem Mond wohnen – nach späterer, präziserer Theorie auf derjenigen Seite des Mondes, die der Erde abgewandt ist –, haben sie helle Mittagszeit, wenn bei uns Neumond ist. Dies ist der Grund, warum die monatlichen Speiseopfer für die Toten zur Neumondszeit vorgeschrieben sind. Ein Jahr der Menschen ist nach ebenfalls alter Vorstellung ein Tag der Götter, wobei das Halbjahr des Aufsteigens der Sonne über den Horizont von ihrem Tiefstand bei der Wintersonnenwende bis zu ihrem Hochstand bei der Sommersonnenwende (*uttarāyana*) den Tag der Götter bedeutet, die andere Jahreshälfte (*dakshināyana*) ihre Nacht.

Auf vielfältige Weise ist daher die menschliche Zeit verwoben mit der kosmischen Zeit und mit der Zeit der Ahnen und der Götter. Fast jeden Tag ist diese Zeit für Brahmanen und Hindus der oberen Kasten mit religiösen Pflichten belegt. Da gibt es Tage, an denen Frauen zu fasten haben, Tage, an denen junge Männer, und andere, an denen junge Mädchen Adoleszenzrituale durchführen. Jeder der 15 (Mond-)Tage beider Hälften des Mondmonats ist mit religiösen Aufgaben (*vrata* = Gelübde) belegt, die meist von verheirateten Frauen für das Wohl ihrer Familie durchgeführt werden. Und dieser vom Mond bestimmte Zyklus ist zu unterscheiden von der Sieben-Tage-Woche, die auf Planeten unterschiedlichen Charakters bezogen ist und in der bestimmte Wochentage jeweils einem Gott besonders heilig sind, folglich auch jeweils für deren Anhänger besondere rituelle Pflichten mit sich bringen.

Für alle Rituale, die privaten, die öffentlichen im Tempel und die bedeutenden jahreszeitlichen Feste, gilt es, die vorgeschriebenen oder günstigen Zeiten genau zu bestimmen. Die richtige Zeitspanne (*muhūrta*) dauert nur 48 Minuten, in denen das entscheidende Ritual vollzogen werden muß. Das gilt auch für viele andere wichtige Unternehmungen im privaten und öffentlichen Bereich. Astronomie und Astrologie beeinflussen daher das Leben auch in der modernen Gesellschaft noch in vielen Einzelheiten.

*Gaben und Opfer.* – Das Ritual selbst erfordert Routine, präzises Handeln und – soweit es sich um brahmanisches Ritual handelt – die Kenntnis und den richtigen Einsatz wirkungsmächtiger Formeln (*mantra*), die im Kontext der Opferhandlung einen momentanen Transzendenzbezug herzustellen vermögen. Es ist aber für seinen Erfolg nicht unbedingt von Andacht, tiefem Gebet oder religiösen Emotionen abhängig. Wichtig ist vielmehr die Gabe, das Opfer als präziser Handlungsablauf, in theistischen Religionen zusätzlich der Blickkontakt (*darshana*) mit der Gottheit und die Teilhabe an dem, was die Gottheit angenommen hat und dann, geheiligt, als Gnadengabe (*prasāda*) zurückgibt: sei es das Fleisch eines Opfertiers (heute meist nur noch bei Opfern der Ādivāsīs, der Volksreligion und der Shāktas), das Fruchtfleisch einer Kokosnuß oder Banane, ein paar Bröckchen von der Tempelspeise, eine Blüte oder ein Blatt vom Schmuck der Gottheit, oft auch ein Mal aus Sandelholzpaste auf die Stirn oder Zinnoberpaste an die Gurgel, die den Spender selbst als Geheiligten oder als potentielles Opfertier markieren, das die Gottheit als solches akzeptiert hat.

Das Opfer erweist sich demnach als ein Gabentausch, bei dem beide Partner, Mensch und Gottheit, geben und beide empfangen. Falls man das geschlachtete Opfertier im Anschluß an das Opfer an Ort und Stelle zubereitet und in gemeinsamem Opfermahl verspeist, wird solche Tischgemeinschaft mit der Gottheit noch betont. Das ist allerdings nicht überall die Regel: Oft werden die Zubereitung und das Festmahl im Kreis der Familie in das eigene Heim verlegt. Für Jainas, Buddhisten und Vishnuiten kommen Tieropfer überhaupt nicht in Frage. Unter den Shivaiten gab es sie einst, doch sind sie unter den Orthodoxen schon seit langem verpönt und nur noch bei extremen tantrischen Sekten (*vāmācārīs*, wörtlich: „deren Gebräuche linksläufig, d.h. gegenläufig sind") praktiziert.

Für die Shāktas gehören nach der Tradition frisches Blut, Fleisch, Fisch und Rauschtrank zu den Gaben, die der Göttin am liebsten sind. Nur wo sie mit Vishnuiten zusammenleben, denen solche Praxis ein Greuel ist, wenden auch sie sich heute mehr und mehr vegetarischen Gaben und damit auch vegetarischer Kost zu. Das gilt jedoch nicht für ihre großen Feste. Die Durgāpūjā wird im Herbst (September/Oktober) und/oder im Frühjahr (April/Mai) mit bedeutendem Aufwand gefeiert und erfordert eigentlich Büffelopfer. Wo diese in allerjüngster Zeit aus volkswirtschaftlichen oder weltanschaulichen Gründen auf lokaler Ebene verboten worden sind, müssen wenigstens Ziegenböcke geopfert werden. Die Göttin schenkt Leben, sie fordert auch Leben.

Man könnte die Liste der Unterschiede im Opferritual der

einzelnen Hindu-Religionen noch beträchtlich erweitern und im Detail verfeinern. Dann würde man erkennen, daß die Götter auch im übertragenen Sinne nicht den gleichen Geschmack besitzen, daß ihnen unterschiedliche Blüten lieb sind, daß man ihnen die Blätter unterschiedlicher Bäume darreicht, daß sie jeweils andere Lieblingsfarben für ihre Gewänder haben und daß auch ihre heiligen Schriften und ihre Priester und priesterlichen Traditionen sehr verschieden sind. Bei den Stammes- und Volkskulten z. B. spielen die Brahmanen gar keine (Ādivāsī-Religionen) oder nur eine marginale Rolle (Volkskulte).

*Der Kontakt mit der Gottheit.* – Die Mehrheit der Hindu-Religionen bedient sich eines Götterbildes – sei es aus Stein, Bronze, Holz, Ton, auf Papier, Stoff oder eine Wand gemalt oder nur im Geiste imaginiert –, um im Ritual einen Kontakt mit der Gottheit aufzunehmen. Für sie ist die Gottheit Person, sie besitzt Gestalt und Namen, und obwohl sie die Welt transzendiert, handelt sie doch in der Welt und für die Welt. Sie ist ein Wesen mit Qualitäten und Attributen (*saguna*).

Diese Vorstellung gilt jedoch in denjenigen Hindu-Religionen als völlig verfehlt, die Gott als reinen, transzendenten Geist verstehen, als unberührt von allen innerweltlich-materiellen Komponenten, als raum- und zeitlos, formlos, namenlos. Für sie ist Gott ohne Qualitäten und Attribute (*nirguna*) und kann daher auch nicht in einem Götterbild verehrt werden. Die Zahl der Anhänger solcher Religionsgemeinschaften mit *nirguna*-Gotteskonzept wächst in Nordindien schon seit mehreren Jahrhunderten ständig. Die Sikhs, die Dādupanthīs, die Rādhāsvāmīs und eine Reihe anderer Gruppierungen, deren Gurus als „Sant" (d.h. „wirklich Seiender" im Unterschied zur sonstigen scheinhaften Welt) verehrt werden, gehören dazu, und berühmte Mystiker und Poeten wie Kabīr oder Guru Nānak verliehen dieser abstrakteren Gotteskonzeption eine gewichtige Stimme. Bei ihnen konzentriert sich das Ritual auf die Reinigungs- und Initiationsriten, auf Gebete, Verehrung von Gurus und Heiligen Schriften sowie Rezitation religiöser Gedichte.

Die Religionen mit einer saguna-Gotteskonzeption dagegen wenden sich an einen persönlichen Gott, und dies erfordert ein weit komplexeres Ritual. Dabei lassen sich zwei Formen unterscheiden. Die eine hat ihren Ursprung in der zunächst nomadischen Lebensform der vedischen Arier. Sie rechnet mit der freien und gedankenschnellen Beweglichkeit frei schweifender himmlischer Götter. Wo immer sich der Gläubige befindet, kann er sie anrufen, kann sie zum Opfer einladen oder um Hilfe anflehen: Es genügt, wenn er den Göttern rituell einen reinen Sitzplatz bereitet, wenn er sich selber gebührend reinigt, um ihnen entgegenzutreten, und wenn er sie mit der nötigen Intensität des Glaubens, dem Charme und der Wahrhaftigkeit seines Preisliedes und dem Duft seiner Opfergabe anlockt. Der Gott befindet sich dann in der Rolle des Gastes, den der Mensch als Gastgeber ehrerbietig empfängt und bewirtet. Es sind Gastfreundschaft und gemeinsames Mahl, welche Menschen und Götter verbindet. Das Gastgeschenk, das die Gottheit mitbringt, besteht in Wunscherfüllung – weshalb der Wunsch auch von vornherein klar artikuliert werden muß. Häufig geht es um Bedürfnisse der Familie wie Fruchtbarkeit, Heilung, Wohlstand, Sieg, Rettung aus der Gefahr oder langes Leben.

Die andere Form der Gottesbegegnung hat ihren Ursprung in einer seßhaften Bevölkerung, wie sie in Indiens fruchtbaren Halbhöhenlagen schon frühzeitig bestand: etwas oberhalb der überschwemmungsgefährdeten Täler der großen Flüsse, aber deutlich unterhalb der felsigen Bergwelt. Hier brauchte man den Opferplatz nicht jedesmal neu zu errichten, sondern wie die Menschen, so erhielt auch die Gottheit meist außerhalb der Siedlung in einem geweihten Bezirk eine eigene, dauerhafte Wohnstätte. Will der Mensch mit der Gottheit in Kontakt treten, so muß er sich zu ihr begeben. Damit kehrt sich das Verhältnis um: Der Gläubige ist der Gast, der kommt und anklopft, und es ist seine Pflicht, ein Gastgeschenk mitzubringen – gewöhnlich Blüten und ein Speiseopfer, bei besonderen Anlässen Rinder, Schmuck, Kleidung, Geld oder Landbesitz. Man kommt nicht mit leeren Händen, und sei es auch nur eine

Blüte, die man darbieten kann. Der Gott hingegen ist ein König, der in seinem Palast, dem Tempel, den Bittsteller empfängt, ihn anhört, ihm Gnade gewährt und ihn gesegnet entläßt. Darshana, das „Sich-dem-Blick-zeigen", der gegenseitige Blickkontakt zwischen Gottheit und Gläubigem, ist das wichtigste Ziel des Tempelbesuchs.

Diese beiden alten Formen der Gottesverehrung bestehen in Indien noch heute nebeneinander. Der rituelle Dienst (sevā) spielt in beiden Formen der Verehrung eine bedeutende Rolle, wenn er auch im Tempel institutionalisiert und zur Quelle des Broterwerbs für Brahmanen sowie für Tempeldiener geworden ist, die oft der Kaste der Mālīs, der Gärtner, angehören und denen das Reinigen, Kleiden und Schmücken der Gottheit obliegt, ebenso wie einfache rituelle Verrichtungen, wenn der Brahmane nicht anwesend ist.

Der Dienst am Hausaltar obliegt dem Familienvater und seiner Ehefrau, und er betraf ursprünglich nur die drei oberen Kasten. Erst die Bhakti-Bewegung, die etwa im 7. Jahrhundert in Südindien einsetzte, im 8. Jahrhundert erstarkte, im 12.–13. Jahrhundert über Maharashtra und Gujarāt nach Nordindien vordrang und sich dort im 16. Jahrhundert zu neuer Blüte entfaltete, öffnete auch einem Teil der Shūdras – jenem Teil, der sich der monotheistischen Verehrung des Gottes Shiva oder der ebenfalls monotheistischen Religion des Vishnu zugewandt hatten – den Zugang zu einer häuslichen, allerdings deutlich vereinfachten Form des Dienstes (sevā). Die Verehrung der regionalen und lokalen Göttinnen, die in der Volksreligion beheimatet war und in der Natur an Bäumen, Felsen und auf Bergen stattfand, wurde vor allem von Unterkasten, aber auch von Fürsten in den Hauskult integriert, weil sie für ihre kriegerischen Unternehmungen den Beistand, für ihre Sicherheit den Schutz der blutdürstigen regionalen Göttinnen suchten.

Die Bhakti. – Das Ideal der Bhakti kennzeichnet eine religiöse Bewegung, die von den unteren Schichten ausging, aber von Brahmanen aufgegriffen und theologisch begründet wurde. Sie setzte dem streng ritualisierten, auf tradiertem Wissen beruhenden Kult der in vedischer Tradition stehenden Orthodoxie das Ideal einer emotionalen Gottesliebe entgegen und forderte Selbsthingabe, Unterwerfung unter den Willen Gottes und den demütigen, tätigen Dienst an der Gottheit. Schon das sorgfältige Fegen der Vorhalle eines Tempels konnte als heilvoller erscheinen als alles mühselig erworbene Wissen, wenn ihm die Gottesliebe fehlte. Diese Haltung bewirkte – und bewirkt noch heute –, daß Hoffnung auf Erlösung *in diesem Leben* nicht nur den Gelehrten zukommt, sondern auch dem Einfältigsten, wenn er nur reinen Herzens dienend in Demut und Liebe sich der Gottheit zuwendet.

Für die Oberkasten freilich gilt, zu Hause wie im Tempel, ein Ritual, das zunächst die Transformation und Vergöttlichung des Menschen fordert, ehe dieser würdig und fähig wird, mit der Gottheit zu kommunizieren. Zuerst erfolgt eine äußere Reinigung durch Wasser, dann eine innere Reinigung, die durch eine Kombination von Wasser, Atemkontrolle, geistiger Visualisierung der Gottheit und lautloser Rezitation von Mantren bewirkt wird und die je nach religiöser Zugehörigkeit im Detail unterschiedlich verläuft. Anschließend beginnt der Offiziant, seinen eigenen Körper der Gottheit anzugleichen, indem er von Kopf bis Fuß seine Sinnesorgane und Glieder der Reihe nach durch rituelle Invokation mit Formen oder Aspekten derjenigen Gottheit besetzt, an die sich seine Verehrung richtet. Diese „Niedersetzung der Gottheit in die eigenen Glieder" (*anganyāsa*) vollendet die vorübergehende Transformation des menschlichen Leibes in einen göttlichen Leib. Nun erst kann die Gottheit eingeladen werden, auf dem Lotusthron im Herzen des Gläubigen Platz zu nehmen, der jetzt gänzlich von der Gottheit erfüllt ist. In diesem Zustand wendet er sich dem Götterbild zu, um an ihm die gleiche Prozedur der Reinigung und Vergöttlichung vorzunehmen und schließlich die Gottheit zu bitten, in das so vorbereitete Götterbildnis einzugehen.

Dieser erste Teil ist Voraussetzung für alles weitere, denn nun erst ist die Gottheit herbeigeführt (*āvāhana*) und hat im

Götterbild ihren Sitz (*āsana*) genommen. Der göttliche Gast ist präsent, und seine Verehrung kann beginnen. Sie besteht, wie es einem weitgereisten Gast gebührt, in der Darreichung von Wasser zum Säubern und Erfrischen der Füße (*pādya*), der Hände (*arghya*) und zum Spülen des Mundes (*ācamanīya*). Dann wird der Gast gebadet (*snāna*), neu gekleidet (*vastra*), mit einer heiligen Schnur versehen (*yajnopavīta*), mit duftenden Salben gesalbt (*gandha*) und mit Blumen geschmückt (*pushpa*). Man erfreut ihn mit Weihrauch (*dhūpa*) und dem Schwenken eines Öllichts (*dīpa*) und beginnt dann die Speisung (*naivedya*). Das Ritual endet mit der demütigen Verneigung (*namaskāra*), einer Zirkumambulation (*pradakshina*) und der Verabschiedung (*visarjana*). In dieser Form sind es insgesamt 16 kleine Dienste (*upacāra*), aus welchen das Verehrungsritual (*pūjā*) besteht und deren Reihenfolge variieren kann, deren Herkunft aus alten Bräuchen der Gastlichkeit aber noch deutlich erkennbar ist. Man kann es auf nur fünf Dienste verkürzen (Salbung, Blumen, Weihrauch, Lichtschwenken und Speisung) oder auf bis zu 108 Dienste ausweiten. Es kann in eiliger Routine ablaufen und dann nur kurze Zeit erfordern oder mit Sorgfalt und Hingabe geschehen und beträchtliche Zeit in Anspruch nehmen. Das häusliche Ritual hält sich zwar an vorgeschriebene Tageszeiten, ist aber nicht an die Einhaltung präziser Uhrzeiten gebunden.

Das ist anders beim Tempelritual. Hier ist der Tageslauf des Gottes in allen Einzelheiten fixiert und hat sich überdies zu orientieren an den jahreszeitlichen Festen (Erntefeste, Frühlingsfeste, Eintritte der Sonne in andere Konstellationen der Ekliptik etc.), an den Festen, die durch mythische Tradition gefordert (Episoden aus dem Leben einer göttlichen Inkarnation, Götterhochzeit, Sieg über Dämonen etc.) oder um der sozialen Integration willen gestiftet werden (Familienbesuche bei der Tante mütterlicherseits oder den Schwiegereltern des Gottes; gemeinsame Prozessionen verschiedener Götter, Götterversammlungen zum Auftakt bedeutender Märkte etc.), an den Sonnen- und Mondfinsternissen und besonderen Konstellationen der Planeten. Besondere Anlässe, etwa die Weihe eines neuen Götterbildes, die Einweihung eines neuen Gebäudes im Tempelbezirk oder gar die neuerliche Weihe des Haupttempels nach umfangreicher und langwieriger Reparatur, sind ebenfalls zu berücksichtigen. Solche Erweiterungen des Rituals treten verständlicherweise bei den Haupttempeln wichtiger Pilgerorte oder den Tempeln der Fürstenhöfe eher auf als bei einfachen Dorftempeln.

Der Tageslauf des Gottes ist am Zeremoniell des königlichen Hofstaats orientiert und von Brahmanen kunstvoll stilisiert. Der Gott wird morgens geweckt, gewaschen, frisch gekleidet und geschmückt. Er gibt Audienz bis zum Mittagsmahl, das in der Tempelküche zubereitet und, nachdem er davon symbolisch gekostet hat, von den Priestern und Armen verspeist wird. Dann folgt eine längere Mittagsruhe, ehe er wieder Gäste empfängt und Opfergaben entgegennimmt. Auf Wunsch wird der Besucher dem Gotte in aller Form angekündigt: mit Nennung seines Namens und seiner Kaste, seines Herkunftsorts, seiner ideellen Deszendenzgruppe (*gotra*) und seines Wunsches. Will der Gott bei festlichen Gelegenheiten seinen Tempel verlassen, so tut er dies im beweglichen Bildnis (*calantī pratimā*), das auch als Festgestalt (*utsavamūrti*) bezeichnet wird und aus einer transportablen Bronzefigur besteht. Diese wird auf dem Thron eines leichten, mit Stoffen bespannten Miniaturtempels von vier Trägern getragen, wenn die Gottheit den Haupttempel für eine Bootsfahrt, für ein Schaukelfest oder für eine Prozession durch den Ort verläßt. Bei solcher Gelegenheit haben auch diejenigen Gläubigen die Chance, den Gott zu sehen, die wegen ihres niedrigen Standes als unrein gelten und keinen Zutritt zum Tempel haben.

Die Einnahmen des Tempels aus eigenen Domänen, größeren Spenden und täglichen kleinen Gaben der Besucher verwaltet entweder ein Tempelkomitee, das auch die Priester entlohnt, oder die Priester dienen abwechselnd an ihnen zugewiesenen Wochentagen und behalten als ihren Verdienst alle Spenden, die ihnen das Glück an diesem Tage beschert.

*Die Sakramente.* – Wenngleich viele Brahmanen vom Tempel leben, ist der Tempeldienst eine Tätigkeit, die geringes Prestige verleiht. Geachteter ist ihre Tätigkeit als Berater in Fragen von religiösem Brauchtum und Sitte (*dharma*) und der lokalen Entscheidungsfindung in Rechtsfragen. Wichtig ist auch ihre Rolle als Astrologen, als Heilkundige und als Spezialisten für die Sakramente (*samskāras*), die theoretisch jedes Mitglied der drei oberen Schichten erhalten sollte, die aber in der heutigen Praxis vor allem die Brahmanen und die Mitglieder wohlhabender Familien bei ihren Söhnen vollziehen lassen.

Zweck dieser Samskāras war in vedischer Zeit die schrittweise rituelle Transformation des naturhaften, unreinen und sterblichen Menschen in einen kulturell geprägten, reinen, zur Kommunikation mit den Göttern befähigten und letztlich unsterblichen Menschen. Diese Dimension ist heute meist nicht mehr im Bewußtsein der Bevölkerung, nicht einmal aller Priester. Wohl gilt die Heilige Schnur, die ein männlicher Nachkomme aus Familien der drei oberen Schichten anläßlich der Upanayana-Zeremonie bekommen kann, auch heute noch als prestigeträchtiges Symbol. Einst aber signalisierte sie die Tatsache, daß ein Kenner der Veden ein ihm vom Vater zugeführtes (*upa-nī* = hinführen) Kind als Schüler akzeptiert hatte, so daß dieser Lehrer von nun an sein zweiter Vater wurde, der ihn in das heilige, exklusive Wissen der arischen Oberschicht einführte. Dies machte die Upanayana-Zeremonie zur Stunde der „Zweiten Geburt" – der Geburt in eine Welt der religiös definierten Pflichten und der rituellen Kommunikation mit Göttern, die auch eine entscheidende berufliche Qualifikation bedeutete. Heute, im Zeitalter der allgemeinen Schulpflicht, ist die Zeremonie in vielen Fällen zur Farce geworden, da ihr meist keine spezielle religiöse Unterweisung folgt. Die Qualifikation für seinen Beruf erwirbt man in der Schule und Universität oder in der Wirtschaft. Daher haben heute von den 16 Sakramenten nur noch die Namengebung, die Heirat und das Totenritual ihre volle Bedeutung behalten. Auch aus ökonomischen Gründen legt man nicht selten Sakramente zusammen, zum Beispiel die ausgelassenen Kindheitssakramente bei der Initiation, oder holt sogar alle Sakramente der Kindheit und Adoleszenz bei der Heirat nach.

Die Heirat selbst ist trotz großer sozialer Veränderungen noch immer vorwiegend eine Allianz von Familien, die von den Eltern ausgehandelt wird. Liebesheiraten kommen vor, werden aber durch Kastenregeln deutlich eingeschränkt. Das aus vedischer Zeit stammende Hochzeitsritual, in dessen Zentrum das Feuer steht, welches vom Brautpaar umschritten wird, hat sich in den Oberschichten in leicht reduzierter Form bis heute erhalten. Die ursprüngliche Bedeutung dieses Rituals, nämlich die vor dem Feuer bezeugte Bildung einer neuen Opfergemeinschaft von Mann und Frau, deren ritueller Mittelpunkt für die täglichen und periodischen Opfer das neue Hausfeuer bilden wird – diese archaische Bedeutung ist kaum mehr bewußt. An die Stelle der Darbringung von Speise- und Trankopfern ins Opferfeuer ist längst die Verehrung von Götterbildern am Hausaltar getreten. Die mühsame Pflege des Hausfeuers, das nie verlöschen sollte, wurde durch den Kerosinkanister, die Gasflasche oder den Elektroherd ersetzt. Die Götter, die auf dem Hausaltar versammelt sind, gehören mit Shiva, Pārvatī und Ganesha, Rāma, Sītā und Hanumān, Krishna und Rādhā, Durgā und Kālī in ihrer Mehrzahl nachvedischen Epochen an. Nur Lakshmī, Sarasvatī, Vishnu und Rudra/Shiva stammen noch aus vedischer Zeit. Geblieben ist aber die gemeinsame Verpflichtung, die aus der Familie ererbte Verehrung und Versorgung der Gottheiten und der Ahnen nicht nur weiterzuführen, sondern auch durch Nachwuchs für die fernere Zukunft zu sichern. Das bedeutet zugleich eine Vorsorge für die eigene Zukunft. Denn irgendwann, relativ bald, wird man selbst zu den Ahnen gehören, deren rituelle Versorgung von den Nachkommen abhängt.

Die Totenriten, die den gefahrvollen Übergang vom irdischen in ein jenseitiges Leben begleiten und absichern, erlernt man als Augenzeuge schon früh, erlebt sie, wenn man ältester Sohn ist, als aktiver Teilnehmer beim Tod der eigenen Eltern. Und man weiß sich für den eigenen Tod erst dann gesichert, wenn man selber einen Sohn hat, der diese Pflicht einst übernehmen kann. Das Totenritual ist nach der Geburt, der Initiation und der Hochzeit das letzte der großen, für die drei oberen Schichten bestimmten Übergangsrituale. Obwohl die Wiedergeburtslehre seit zweieinhalb Jahrtausenden dem Tod seine Endgültigkeit entzogen hat, ist dies das wichtigste, das unvermeidlichste aller Rituale. Mit ihm wird die Seele vom Körper gelöst, das Unreine und Vergängliche im Leichenfeuer getilgt und das Unvergängliche mit einem neuen, rituell geformten feinstofflichen Leib ausgestattet, dessen es für seine Reise in die Welt der Verstorbenen, in die künftige Wiedergeburt oder vielleicht sogar in die endgültige Befreiung (*moksha*) bedarf. Mit ihm wird aber auch jener die Generationen übergreifende Bund erneuert und besiegelt, der die Lebenden mit ihren Ahnen auf der Basis einer bewußt gepflegten Erinnerungskultur zu einer Gemeinschaft zusammenschließt, die insgesamt sieben Generationen der Lebenden und Toten umfaßt.

All diese Sakramente sind aufwendig, müssen daher je nach sozialer Schicht und Vermögen gegebenenfalls stark reduziert werden. Trotz des teilweise dramatischen Verlusts ihrer ursprünglichen Sinngebung haben sie aber bis heute eine Aura von existentieller Bedeutung bewahrt. Daher bieten die Sakramente noch immer eine beachtliche Einkommensquelle der Brahmanen. Dies mag dazu beigetragen haben, daß sie zu den langlebigsten Elementen der vedischen Religion gehören.

### d) Die Pilgerfahrt

Die Pilgerfahrt zu heiligen Stätten gehört zwar nicht zu den festen Pflichten eines Hindu, sie wird aber seit fast 2000 Jahren von den Tempelpriestern als besonders heilsfördernd propagiert. Die Priester, das versteht sich, leben von den Gebühren und den Spenden der Pilger. Aber auch die Pilger profitieren von der Pilgerfahrt, weil sie hier die alltägliche religiöse Praxis hinter sich lassen und, durch gesteigerte Erwartung sensibilisiert, an bisher nur aus Erzählungen bekannten heiligen Orten bisweilen zu tiefen religiösen Erfahrungen gelangen können. Solche Erzählungen finden sich in den Purānas, heiligen Schriften, die „seit alters überliefertes" Wissen bewahren, oder in eigens aus Mythos und Legende zusammengestellten

„Preisungen" (*māhātmya*), welche die Vorzüge eines bestimmten heiligen Ortes hervorheben und an den Verkaufsständen der Pilgerorte billig zu haben sind.

Heilige Stätten entstanden an Einsiedeleien berühmter Heiliger wie z. B. Vasishtha, Vishvāmitra oder Agastya und vielen anderen; am Geburtsort und an wichtigen Wirkungsstätten göttlicher Inkarnationen wie Krishna (Mathurā, Vrindāvana, Dvārakā) oder Rāma (Ayodhyā, Rāmeshvar, Rāmtek) und an Orten spontaner Manifestationen göttlicher Macht durch Wunder, Heilung oder Rettung aus großer Not. Sie entstanden auch an Orten, die ihren Ruhm der besonderen Schönheit der Natur oder der reinigenden Kraft heiliger Flüsse verdanken, wie der gewaltige, eisbedeckte Berg Kailāsa und an seinem Fuß der klare, von der Quelle des Indus gespeiste Mānas-Sarovar-See. Sie liegen häufig an heiligen Flüssen wie Gangotri, 10 km unterhalb der Quelle des Ganges; Rishikesh und Hardvār, wo der Ganges aus den Bergen heraustritt; Allahabad, wo er sich mit der Yamunā und, nach alter Spekulation, auch mit der unterirdisch dorthin fließenden Sarasvatī vereinigt; Benares, wo er sich nach Norden wendet und daher am linken Ufer eine perfekte Verehrung der über dem Wasser aufgehenden Sonne ermöglicht; und schließlich Sāgarasamgama, die Stelle, wo sich der gewaltige Strom ins Meer ergießt und wo der Heilige Kapila, der mythische Begründer der Sāmkhya-Philosophie, in einem Āshram gelebt haben soll. Es finden sich solche heiligen Orte an vielen Quellen und großen Strömen Indiens, in friedlichen, schattigen Hainen am Fuß der Berge oder auch auf den Spitzen der Berge, soweit sie noch begehbar sind. Manche Tempel wurden berühmt, weil sie sich aufgrund königlicher Patronage durch Wunderwerke der Baukunst und Bildhauerei auszeichneten, andere, weil sie ihren Ursprung auf mythische Handlungen der Götter zurückführen können.

Früher brachten die Pilgerreisen oft große Entbehrungen mit sich und stellten dadurch schon auf dem Wege eine Form von strenger asketischer Übung dar, wenn man meist zu Fuß, manchmal mit Ochsenkarren, weite Distanzen durch staubiges Land zurückzulegen hatte. Der Weg selbst erwies sich als Läuterungskur, die den Körper reinigte und die Seele für Dinge öffnete, die im Erwerbsleben des häuslichen Alltags keinen Platz fanden. Heute geht es mit Bus, Bahn oder Flugzeug schneller und bequemer. Aus der asketischen Übung ist religiöser Tourismus geworden. Dennoch bleibt die religiöse Komponente außerordentlich stark. Das Ungewohnte und Neue der Umgebung steigert die Erwartung, während der Pilgerführer den Weg weist und alle Handlungsanweisungen gibt. Nach der Reinigung im Tempelteich wartet man geduldig in der Schlange der Gläubigen, um den Gott zu sehen, ihm eine Gabe zu bringen, ihm sein Herz zu öffnen, ein Gebet zu sprechen oder einen Wunsch zu sagen. Herrscht Gedränge, so ist der Besuch bei der Gottheit nur kurz. Fast im Vorübergehen gibt man die mitgebrachte oder vor dem Tempel erworbene Gabe, empfängt eine Gegengabe, die geheiligt ist, und erhascht den Anblick des Gottes. Und doch ist dieser Augenblick das zentrale Erlebnis, die momentane Erfüllung, um derentwillen man gekommen ist. Danach hat man Zeit, den Tempel zu umschreiten, die Nebentempel und ihre Götter zu besuchen, deren Priester ebenfalls Spenden fordern, sich in den Schatten einer Säule zu setzen und die Atmosphäre des heiligen Ortes mit seiner Geschäftigkeit und seiner Ruhe auf sich wirken zu lassen. Verehrung gebührt allen Göttern, allen Heiligen. So geht die Reise weiter zum nächsten Pilgerort. Wenn sie gelingt, so hat man zwei Wege zurückgelegt, einen äußeren und einen inneren. Befreit von seelischen Schlacken und von Besitz kehrt man nach Hause zurück.

# Zeittafel

Folgende Auswahl wichtiger Daten mag für die zeitliche Einordnung des religionsgeschichtlichen Überblicks hilfreich sein. Die chronologische Bestimmung in der vedischen Zeit ist unsicher. Meinungen differieren hier um mehrere Jahrhunderte. Das Problem besteht in der Divergenz zwischen dem Textbefund und den spärlichen archäologischen Zeugnissen. Die Datierung dieser Periode orientiert sich daher an den ungefähren gesellschaftlichen Entwicklungen.

*ca. 7000–3000 v. Chr.* Vorstufen der Induskultur (Beispiel: Mehrgarh).

*ca. 3000–1750* Blütezeit und Niedergang der Induskultur. Zahlreiche Städte im Industal, Punjab, Gujarāt. Einflüsse bis Zentralasien und Persien.

*ca. 1500–500* Vedische Kultur. Arier siedeln am Helmand in Afghanistan, ca. 1300 im Punjab, ca. 1100–850 im oberen Gangestal; Schlacht der Bhāratas im 10. Jh., Grundlage des Epos Mahābhārata.

*Ende 10. oder frühes 9. Jh.* Die Sammlung des Rigveda. Ergänzungen und Nachträge erfolgen noch bis ins 7. Jh.

*9.–7. Jh.* Blüte der Opferwissenschaft: Brāhmanas und ältere Upanishaden. Sammlung von Sāmaveda und Yajurveda.

*seit ca. 800* Frühe Wissenschaften und Philosophie, monistische und monotheistische Denkansätze, Brahman und Ātman, Wiedergeburtslehre und Karma-Theorie. Erlösung durch Wissen.

*6.–5. Jh.* Ältere Vedānga-Literatur und mittlere Upanishaden.

*seit 5. Jh.* Das Machtzentrum verlagert sich nach Magadha im östlichen Gangestal. Gründung der Mönchsorden des Jainismus und Buddhismus. Beginn des Materialismus. Entstehung zentralisierter Großreiche im 4. Jh.

*um 400* Der Grammatiker Pānini.

*4. Jh. v. Chr. – 4. Jh. n. Chr.* Sprachliche und inhaltliche Neugestaltung der alten Sagen des Mahābhārata, zahlreiche Zusätze.

*ca. 320–185 v. Chr.* Das Reich der Mauryas, gegründet von Candragupta I., dehnt sich unter Ashoka (268–233) bis tief in den Süden aus. Dieser fördert den Buddhismus. Mission in Südindien, Sri Lanka und Zentralasien.

*3. Jh. v. Chr. – 4. Jh. n. Chr.* Vishnuismus, Shivaismus, Sonnenkult und andere Hindu-Religionen treten in den Vordergrund. Kern der Bhagavadgītā Ende 3. Jh. v.Chr.; Entstehung der sechs philosophischen Systeme (erst Yoga und Sāmkhya, Pūrva Mīmāmsā, dann Vaisheshika und Nyāya, zuletzt Vedānta). Lakulin begründet den Pāshupata Shivaismus (Ende 2. Jh. n.Chr.), Buddhismus und Shivaismus dringen nach Zentralasien, Vishnuismus und Shivaismus nach Südostasien vor.

*seit ca. 250 v. Chr.* Brahmanen übernehmen den Tempelkult der nicht-arischen Bevölkerung.

*2. Jh. v. Chr. – 2. Jh. n. Chr.* Entstehung des Rāmāyana.

*Ende 2. Jh. v. Chr.* Krishna ist bereits mit Vishnu identifiziert, wie aus der Besnagar Säuleninschrift hervorgeht.

*ca. 50 v. Chr. – 300 n. Chr.* Griechen, Skythen, Parther, Kushans im Norden, Reich der Satavāhanas im Süden (zerfällt um 250).

*320–497 n. Chr.* Gupta-Reich und Reich der Vākātakas (360–493): Klassische Periode. Blüte von Religion, Literatur und Kunst; die Smārta-Religion bildet sich aus.

*500–850* Nachklassische Periode. Fortdauer der Blüte von Literatur, Wissenschaft und Kunst. Seit 600 vishnuitische und shivaitische Bhakti in Südindien, Entstehung des theologischen Schrifttums (Āgamas und Samhitās) der Pāncarātras und Vaikhānasas. Erstes Auftreten des Shāktismus (Devī-Māhātmya) im Reich des Harsha (606–642). Förderung des Shivaismus unter Pallavas, Chālukyas und Rāshtrakūtas im Süden.

*ca. 700–1300* Bedeutende scholastische Synthesen: Monismus (Shankara um 700), Shivaismus (Abhinavagupta um 1000, Shrīkantha um 1150, Meykanda Anfang 13. Jh.), Vishnuismus (Rāmānuja 1056–1137 und Madhva 1199–1278).

*um 700* Shankara lehrt den Advaita Vedānta.

*712* Araber in Sindh, Beginn der islamischen Expansion im Industal.

*seit Ende 9. Jh.* Entstehung zahlreicher shivaitischer Tantras. Blüte des Shivaismus in Kaschmir (Somānanda, Utpaladeva, Abhinavagupta), Zentralindien (Paramāras und Chandellas) und Südindien (Cholas). Allmählicher Übergang von dualistischem zu monistischem Verständnis des Verhältnisses von Seele und Gottheit im Shivaismus. Niedergang des Buddhismus in Indien (der Anfang des 13. Jh. durch den Islam ganz verdrängt wird).

*9.–10. Jh.* Abhinavagupta, Autor des Tantrāloka, einer summa theologiae des monistischen Zweigs des kaschmirischen Shivaismus.

*10.–11. Jh.* Das Bhāgavata Purāna löst eine neue Welle der Krishna-Bhakti aus.

*998–1027* Raubzüge des Mahmūd von Ghazni nach Indien. Zerstörung von Hindutempeln.

*ca. 1000–1400* Ausbildung der shāktistischen Theologie.

*ca. 1056–1137* Rāmānuja (trad. Daten: 1017–1137) vertritt einen bedingten Monismus (*vishishtādvaita*).

*ca. 1150* Die Konfession der Vīrashaivas richtet sich gegen Kastenunterschiede und konsolidiert sich.

*1199–1278* Madhva vertritt einen Dualismus (*dvaita vedānta*).

*ca. 1200–1800* Sufi-Einfluß.

*1206–1526* Sultanat in Delhi.

*12.–13. Jh.* Ausbildung des Shaivasiddhānta durch Shrīkantha in Nord- und Meykanda in Südindien. Ausbreitung der Nāth-Sekte von Bengalen in den Dekkhan.

*Ende 13. Jh.* Nimbārka lehrt die Göttlichkeit Rādhās. Jayadevas Gītagovinda.

*1336–1565* Reich von Vijayanagara. Sāyanas Vedakommentar, Vedāntadeshika und Lokācārya Pillai, Spaltung der Srīvaishnavas.

*1350–1610* Die Vīrashaivas bilden die Staatsreligion in Maisūr, südlicher Dekkhan.

*1498* Vasco da Gama in Indien. Portugiesen gründen Handelsniederlassungen.

*15.–17. Jh.* Blüte der Rāmabhakti durch Rāmānanda (ca. 1400–1470, trad. Daten: 1299–1410) und Tulsīdās (1532–1623); die Krishnabhakti in Nordindien gewinnt durch Vallabha (1479–1531) und Caitanya (1486–1533) weite Verbreitung. Vermittlungsversuche zwischen Islam und Vishnuismus durch Kabīr (1440–1518); Guru Nānak (1469–1539) gründet die Religionsgemeinschaft der Sikhs. Dādū (1544–1603) gründet die Nirguna-Bewegung der Dādūpanthīs.

*1526–1858* Das Moghul-Reich.

*1556–1605* Kaiser Akbar versucht eine Synthese der Religionen zu schaffen (Dīn-i-Ilāhī) und führt zu diesem Zweck seit 1582 Religionsgespräche mit allen in seinem Reich vertretenen Schriftreligionen.

*1600* Gründung der East India Company.

*1818–1878* Shivadayāl Singh, Gründer des Rādhāsvāmī Satsang.

*1858* Indien wird Teil des British Empire.

*19.–20. Jh.* Reformbewegungen in Antwort auf die Begegnung mit dem Westen: Rām Mohan Roy (1772–1833) und der Brāhma Samāj (1828); Prārthana Samāj (1867); Dayānanda Sarasvatī (1824–1883) und der Ārya Samāj (1875); Rāmakrishna (1836–1886), Vivekānanda (1862–1902) und die Rāmakrishna Mission (1897); Theosophische Gesellschaft (1875); Shrī Aurobindo Ghosh (1872–1950).

*1869–1948* Mahātmā Gāndhi.

*seit ca. 1870* Nationaler Hinduismus, zuerst artikuliert vom Dichter Bankim Chandra Chatterjī.

*1879–1950* Shrī Ramana Maharshi erneuert das traditionelle Bild des Heiligen.

*1893* Weltkongreß der Religionen in Chicago.

*1902* Gründung des Bhārata Dharma Mahāmandala.

*1907* Gründung der Hindu Mahāsabhā.

*1925* Gründung des Rāshtrīya Svayam Sevak Sangh (RSS) durch K. B. Hedgewar.

*1951* Gründung des Bhāratīya Jan Sangh.

*1955* P. R. Sarkar alias Ānand Mūrti (geb. 1921, hält sich für die dritte Inkarnation Gottes nach Shiva und Krishna) gründet den Ānand Mārg mit dem Ziel, in Indien eine Theokratie zu errichten.

*1964* Gründung der Vishva Hindu Parishad, des religionspolitischen Zweigs der RSS, welche das Erwachen der Hindus (*hindū jāgaran*) propagiert, Selbstbehauptung fordert und die Vereinigung aller Hindu-Religionen anstrebt.

*1966* Gründung der Shiv Senā durch Bāl Thakkeray.

*1980* Gründung der Bhāratīya Jana Party (BJP) in der Nachfolge des Jana Sangh.

*1991* Durchführung einer Rām-sil-yātrā der BJP, um Ziegel für einen neuen Tempel des Rāma zu sammeln.

*1992* Anfang Dezember Zerstörung der Babri-Moschee in Ayodhyā.

# Weiterführende Literatur

Babb, Lawrence A.: The Divine Hierarchy. Popular Hinduism in Central India, New York 1975

Baldissera, Febrizia/Michaels, Axel: Der indische Tanz, Köln 1988

Bäumer, Bettina: Upanishaden: Befreiung zum Sein. Innere Weite und Freiheit aus den indischen Weisheitslehren, München ³1997

Brockington, John L.: The Sacred Thread. Hinduism in Its Continuity and Diversity, Edinburgh 1981

Bsteh, Andreas (Hrsg.): Der Hinduismus als Anfrage an christliche Theologie und Philosophie (Studien zur Religionstheologie 3), Mödling 1997

– (Hrsg.): Christlicher Glaube in der Begegnung mit dem Hinduismus (Studien zur Religionstheologie 4), Mödling 1998

Deussen, Paul: Sechzig Upanishads des Veda, Nachdruck, Darmstadt 1963

Fischer, Klaus/Hansen, Michael/Pieper, Jan: Architektur des indischen Subkontinents, Darmstadt 1987

Franz, Heinrich. G. (Hg.): Das alte Indien. Geschichte und Kultur des indischen Subkontinents, München 1990

Frauwallner, Erich: Geschichte der indischen Philosophie, 2 Bde., Salzburg 1953, 1956

Geldner, Karl F.: Der Rigveda, 3 Bde., Wiesbaden 1951

Gonda, Jan: Die Religionen Indiens I und II (Die Religionen der Menschheit Bd. 11 u. 12), Stuttgart 1960–63, [2]1978

Gutschow, Niels/Michaels, Axel: Benares. Tempel und religiöses Leben in der heiligen Stadt der Hindus, Köln 1993

Haubold, Petra/Heil, Günter: Süd-Indien. Richtig Reisen, Köln 1996

Kinsley, David R.: Indische Göttinnen. Weibliche Gottheiten im Hinduismus, Frankfurt am Main 1990

Klostermaier, Klaus K.: A Survey of Hinduism, 2. Aufl., Albany 1994

Küng, Hans/Stietencron, Heinrich von: Christentum und Weltreligionen: Hinduismus, München 1995, Gütersloh 1999

Mallebrein, Cornelia: Die anderen Götter. Volks- und Stammesbronzen aus Indien, Heidelberg 1993

Michaels, Axel: Der Hinduismus. Geschichte und Gegenwart, München 1998

Michell, George: Der Hindu-Tempel – Bauformen und Bedeutung, Köln 1979

Rothermund, Dietmar (Hg.): Indien. Kultur, Geschichte, Politik, Wirtschaft, Umwelt. Ein Handbuch, München 1995

Schreiner, Peter: Im Mondschein öffnet sich der Lotus, Düsseldorf 1996

Sontheimer, Günther-Dietz/Kulke, Hermann (Hgg.): Hinduism Reconsidered, Delhi [2]1996

Thieme, Paul: Gedichte aus dem Rigveda, Stuttgart 1966

# Register